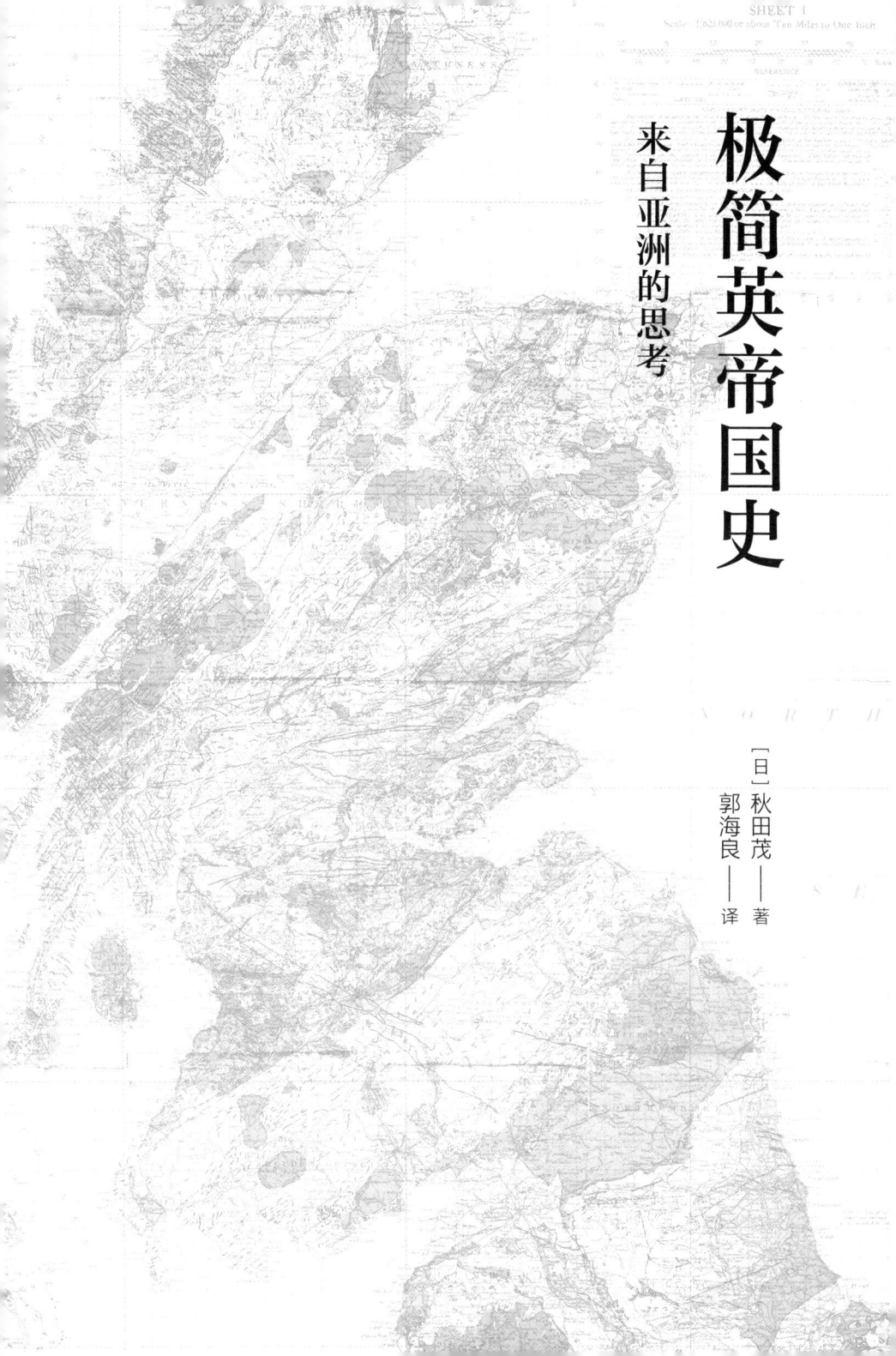

极简英帝国史

来自亚洲的思考

[日] 秋田茂 —— 著

郭海良 —— 译

图书在版编目（CIP）数据

极简英帝国史 /（日）秋田茂著；郭海良译 . —上
海：东方出版中心，2020.12
　ISBN 978-7-5473-1682-5

　Ⅰ. ①极… Ⅱ. ①秋… ②郭… Ⅲ. ①英国－历史－
通俗读物 Ⅳ. ①K561.09

中国版本图书馆CIP数据核字（2020）第156880号

上海市版权局著作权合同登记：图字09-2019-692号
IGIRISU TEKOKU NO REKISHI
BY Shigeru AKITA
Copyright ⓒ 2012 Shigeru AKITA
Original Japanese edition published by CHUOKORON-SHINSHA, INC.
All rights reserved.
Chinese (in Simplified character only) translation copyright ⓒ 2020 by Orient Publishing Center
Chinese (in Simplified character only) translation rights arranged with
CHUOKORON-SHINSHA, INC. through Bardon-Chinese Media Agency, Taipei.

极简英帝国史

著　　者　〔日〕秋田茂
译　　者　郭海良
责任编辑　赵　龙　马晓俊
版式设计　钟　颖
封面设计　田松大魔王

出版发行　东方出版中心
地　　址　上海市仙霞路345号
邮政编码　200336
电　　话　021-62417400
印 刷 者　山东韵杰文化科技有限公司

开　　本　890mm×1240mm　1/32
印　　张　8.125
字　　数　145千字
版　　次　2020年12月第1版
印　　次　2020年12月第1次印刷
定　　价　38.00元

中文版序言

在东方出版中心的精心策划之下，经过老友郭海良君的辛勤努力，本书得以呈现在中国读者朋友们的面前，对于笔者而言是一大幸事。

英帝国是一个曾经在全球范围内产生过巨大影响力的霸权国家。本书从新世界史或曰"全球史"的视角出发，对英帝国的历史进行了综合性回顾。全球史突破了传统的以国别为考察单位的分散型叙史模式，是一种以"比较"和"关联性"理念为指导、重新解释超越国界而相互联系着的各个地区的人类活动状况的新尝试。

英帝国的影响力，并不仅仅局限于殖民地，也体现在明治时代的东京、大阪，以及两次世界大战间歇期东亚地区的大城市之中。从亚洲的视角考量英帝国的历史，正是本书的特点所在。对于近现代历史上的亚洲社会而言，英帝国究竟带来了什么？生活在亚洲的我们，究竟是如何有效地利用了英帝国遗产的？东亚地区的工业化，究竟与伦敦金融城的金融服务业以及海上运输业有着怎样的关联？面对这一连串的问题，笔者尝试着从以下两个方面展开了探讨，即不但要考虑到双方的"统治与隶属关系"，也要充分兼顾到亚洲方面的主体性和自主性。

现如今的 21 世纪，随着中国的飞速发展，世界经济中心正在快速地转向东亚和亚太经济圈。笔者衷心希望能够与共生共存于东亚土地上的中国朋友们一起，对曾经为构筑这个世界体系奠定了基础的英帝国的历史意义进行再认识。

秋田茂

2017 年盛夏

于大阪

序　言

英帝国的历史

——来自亚洲的思考

　　在全球化势头急速推进的 21 世纪，我们正处在世界历史的最新转折点之上。东亚经济迅速发展，世界经济格局变化，世界体系的重组，就是这种转折时期的主要表现。为了充分理解现在的形势变化，我们有必要扩大自己的视野，从历史的角度展开考察。

　　世界各地区紧密相连、相互影响这一互相依存的全球化状况，究竟是从什么时候开始出现的？在国际关系学和国际政治学等社会科学的领域中，多数学者认为：1989 年冷战格局解体以后，美国国际地位的迅速提高及其国际影响力的发挥、世界政治经济向美国的一极化倾斜，就是这种全球化的起源。

　　从 2001 年针对美国的同时多发性恐怖事件（"9·11" 恐怖事件）爆发以来，通过阿富汗战争和伊拉克战争而出现的、美国的 "世界帝国" 化倾向，成为人们关注的课题。根据学界的主流共识，迄至 2008 年 11 月奥巴马民主党政权诞生的 7 年间，现代的美利坚合众国可以被视为 "美利坚帝国"（American Empire），甚至出现了将现代美国称作 "史上最强世界帝国" 的研究课题。

然而，到了奥巴马政权诞生的前后，"美利坚帝国论"却迅速地变得踪迹全无，简直就像被忘得一干二净。2008 年以金融危机为发端的全球危机、财政与固定收支的双向赤字的剧增、伊拉克战争和阿富汗战争中军事行动的受挫等等，暴露出了"美利坚帝国论"的局限性。

按理说，将现代的美国视为世界帝国的观点本身就有问题。即使是无视国际舆论的小布什政权，在发动战争之际，也必须获得联合国决议的授权以示其合法性。与此同时，美国还向英国、日本以及东欧各国中的同盟者请求国际援助或者共同出兵。它在一定程度上受到了国际社会的制约，不可能采取完全帝国式的单边主义行动。现代的美国，与其将其视为世界帝国，倒不如视其为以国际社会的存在为前提、形成了被称为全球规范的"游戏规则"的霸权国家。这样一来，它所实行的政策似乎更容易理解。20 世纪下半叶以来，美国以其占绝对性优势的军事力量、经济力量以及文化上的影响力，形成和维持着国际政治经济秩序。

回顾人类的历史，就版图和势力范围这一点而言，最早的世界帝国应该就是 13—14 世纪出现的蒙古帝国。关于这方面的研究，以京都大学的杉山正明所著《游牧民族眼中的世界历史——超越民族和国界》（日本经济新闻社，1997 年）和大阪大学的森安孝夫所著《丝绸之路与唐帝国》（《兴亡的世界历史 5》，讲谈社，

2007 年）为代表的中亚史研究成果尤其值得关注。忽必烈时代的蒙古帝国，通过海上贸易通道将东亚、东南亚地区和南亚、西亚（中东）各地区连成了一片，与欧亚大陆内的贸易通道一起，确立了大陆规模的欧亚贸易网络体系。然而，蒙古帝国建立起来的世界帝国和帝国秩序，仅限于包括北非一部分在内的亚非地区，并没有达到涵盖全球的规模。

说起在全球范围内行使影响力的帝国，那必须要等到能将势力扩张到陆路和海路两个方面的、欧洲海外殖民帝国的形成时代。其中势力最为强大的，就是本书将要探讨的英帝国。

英帝国是 19 世纪最大的统治世界的欧洲帝国。就其影响力所及范围而言，不仅包括加拿大、澳大利亚和新西兰等有白人移民居住的殖民地（移居殖民地），也包括通过军事征服而被置于其统治之下、以现在的印度为代表的亚洲和非洲各地区的殖民地（附属国或直属殖民地），甚至还包括通过贸易和投资等经济联系而被置于其影响之下的各个地区（非正式帝国），真可谓形式多样、涵盖全球。即使将英帝国想象成为 19 世纪全球化的承担者，也是顺理成章的。

［iv］

关于英帝国历史的研究，既有 20 世纪末由牛津大学出版社出版的五卷本《牛津英帝国史》（*The Oxford History of the British Empire.*），也有 1930 年代至 1950

年代出版的《剑桥英帝国史》（*The Cambridge History of the British Empire*）。虽然这些都是欧美世界真正的帝国史研究丛书，但是却没有一本能够轻松阅读的英帝国通史。本书如果能够填补这一空白，并且有助于读者进一步理解那个曾经促进了19世纪全球化的英帝国的历史以及现代英国与世界的关系，将是笔者的荣幸。

然而，人们在考量英帝国的规模和历史的时候，不可能将考察范围涵盖所有区域。因此，我们在本书中，权且将视角集中于亚洲地区与英帝国的关系这一方面，描述一下"来自亚洲的思考"之下的英帝国形象。

正如在本文开篇所提到的那样，伴随着东亚经济的迅速发展，世界体系以及世界经济的重心，已经逐渐地从环大西洋经济圈转向包括美国的太平洋沿岸和印度在内的亚太经济圈，2008年的全球危机则进一步强化了这一趋势。如何在充分地认识到这一大变动的基础上构筑一种新型的世界史体系？我们正面对着这个人类历史的新课题。然而，由于现在还不具备立即着手构建新型世界史体系的条件，因而本书作为这项工作的第一步，将致力于对英帝国与亚洲各地区之间的关系进行双向考察。

[v]

现在，就让我们将目光投向日益显示其生机的印度，开启考量英帝国历史意义之旅吧。

目　录

序章

现代亚洲的经济复兴与英帝国

[3]

1. 世界 GDP 格局的变化与亚洲

近年来，世界史研究的新成果不断问世，强烈呼吁对传统的世界史认识框架进行修正或重新认识。荷兰的著名经济学家和经济史学家安格斯·麦迪逊（1926—2010 年）编辑出版的研究成果，即可被归入这一行列。执教于格罗宁根大学的麦迪逊，从超长期的宏观视角出发，考察了世界经济发展大势。他尝试着运用计量方法，以 GDP 的变迁为着眼点，揭示出以 1 000 年为时间单位的世界各国和各地区的经济增长态势（图 1）。

根据麦迪逊的研究，迄至 1820 年，亚洲各地区（包括中国、印度、日本、东南亚等）在世界各国和各地区的 GDP 总量中所占比重超过了 50%。尤其是中国（明清时代的中国），一国独占 20%—30%。印度所占比重仅次于中国。相反，在世界范围内第一个实现工业革命（工业化）的英国，即使在 1820 年当时，它的 GDP 也仅占世界总量的不足 5%。 [5]

19 世纪初以后，由于紧随西欧而起的美国 GDP 的急速增长，欧美各国 GDP 所占比重远超 50%，从而导致欧美各国与亚洲各地区的 GDP 对比情况发生了逆转。到了第二次世界大战结束之后的

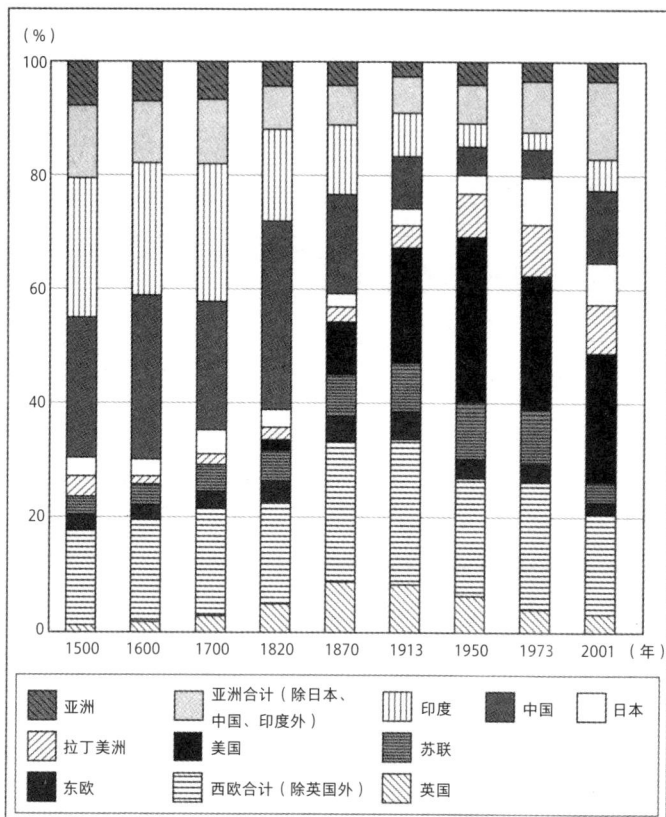

图 1 世界 GDP 比重的变化百分比
引自：Angus Maddison, *The World Economy: a millennial perspective*, 2001

1950 年，亚洲地区的 GDP 所占比重竟然下降到不足 20%，达到了
史上最低水平。

　　然而，在这种跨越长时段的历史趋势中，近年来再次出现了
新的变化。20 世纪的最后 25 年以来，亚洲各地区呈现出了复兴势
头。2001 年，包括日本在内的亚洲地区 GDP 的所占比重已经接近

40%。从麦迪逊的这一统计数据来看，东亚、欧盟、北美这三方的GDP 各自所占比重，现在基本上处于一种拮抗状态。根据国际货币基金组织（International Monetary Fund, IMF）和亚洲开发银行（Asian Development Bank, ADB）的预测，如果到 2030 年，东亚的 GDP 所占比重将会超过世界总量的 50%。

实际上，麦迪逊的这项研究与详细的人口统计的预估密切相联，其最终目的是对"人均 GDP"进行推算。从结果来看，他论证了欧美各国人均 GDP 的推算数据始终处于绝对的优势地位这一结论。[6] 然而，我们在此所关注的对象并不是人均 GDP 的数据，而是全世界 GDP 总量中各部分所占比重的变化状况。

对于这种世界 GDP 的变动中所显示出来的现代亚洲各地区的"经济复兴"（economic resurgence），我们是否已经有了充分的认识？与此同时，我们是否已经找准了对它进行历史定位的视角和基点？

2010 年，中国的 GDP 超过了日本，跃居第 2 位，仅次于美国，一时间受到了充分的解读。然而，从世界整体格局来看，东亚地区的 GDP 约占世界总量的 1/3，包括美国太平洋沿岸在内的"亚太经济圈"的 GDP 超过了世界总量的半数以上，这个事实却并没有引起人们的关注。时至今日，自 16 世纪开始崛起，继而持续统治着近代世界体系的欧美世界（环大西洋经济圈），正在逐渐丧失其优势地位。世界经济格局为什么会发生这样的变化？它的历史起源究竟可以追溯到什么时候？将来的发展趋势又将会怎么样？所有这些问题，都要求我们从历史的视角出发进行重新考察。

从 1980 年代开始，位于东亚的中国在经济上出现了持续的高度增长，这就是现代亚洲经济复兴的原动力。迄至 19 世纪初，南亚次大陆的印度在世界 GDP 总量中所占比重高达 20% 左右，堪与中国相比肩，因而我们将在本序章中结合麦迪逊所提供的研究数据，详细地考察一下印度在世界 GDP 中地位的变迁。

[7]　众所周知，直到 1948 年获得独立为止，在长达 200 年的岁月里，印度一直处于英国的殖民统治之下。既有的研究表明，在殖民地时代，尤其是从 19 世纪至 20 世纪上半叶，英属印度在英国的经济掠夺之下，经济增长率长期处于极端的低迷状态，饥馑频发和普遍的贫困已成常态化。吉冈昭彦所著《印度与英国》（岩波新书，1975 年）一书，就是此类研究的典型代表。1970 年代，作为英国经济史研究专家的吉冈昭彦到访印度，痛感殖民统治的残酷，因而对英国在印度的殖民统治进行了猛烈的批判。

然而，1980 年代以后，尤其是 1991 年实施了经济自由化政策以来，印度的经济和社会面貌发生了巨大的变化。时至今日，作为金砖国家的成员，印度经济呈现出了高度增长的趋势。我们将从考察印度的这种现状及其形成这种现状的历史背景出发，重新审视以亚洲地区为先导的世界经济格局的变化与英帝国的关系。

2. 现代印度的经济发展与英印经贸关系的变化

现代印度的经济发展势头令世界刮目相看。1991 年，正值外币（国际收支）危机越演越烈之时，印度政府决定实施经济自由化政策。自此以后，在过去的 20 多年中，印度的经济发展持续呈现出高增长率的态势，最近的年增长率甚至高达 8%—9%。

　　笔者每次访问印度，都会实实在在地感受到现代印度本身的这 [8]
种迅猛变化。2010 年 10 月，为了配合以原英联邦国家为主体而举
行的"英联邦国家运动会"的召开，首都的英迪拉·甘地国际机场
航站楼的面貌焕然一新，无论是硬件设备还是服务水平，丝毫不亚
于曼谷的素万那普国际机场和新加坡樟宜国际机场。2011 年 2 月，
与机场相连接的轨道交通线路（包括地铁和市郊铁路）全面开通，
大幅度改善了机场与市区之间的交通状况，极大地方便了夜间到
达的旅客。与此同时，德里市区的道路和地铁网络的建设也在日本
ODA（政府开发援助）的援助下，以印度前所未有的速度顺利地进
行着。在早晚的交通高峰时段内，往来车辆挤满了市内的主要干线
道路；在白天，印度人心目中的"神牛"们自由穿行的空间区域也
受到了越来越多的限制。

　　在德里的郊外，兴建了以新兴的中产阶级为主要对象的大型购
物中心，显示着大众消费文化的一个侧面。商场里设有最新型超薄
液晶电视机，以及日美欧各国所产汽车的专属展销区域，尤其是在
超薄型液晶电视机的展销区，韩国产的三星与日本产的索尼和松下
之间，呈现出一种激烈的销售竞争态势。根据亚洲开发银行的调查
统计，印度的中产阶级只占总人口的 17%，购买力却占印度总购买
力的 50%。现在，印度 GDP 总量的 60% 以上来自第三产业（即广
义的服务性行业）。可以说，印度经济高速增长的特点，就在于服 [9]
务性行业发挥了主导性作用。

　　我们有必要从全新的视角出发，结合与印度密切相关的这种经

济环境的快速变化和经济的高速增长的情况,展开相关的历史研究。

印度这种经济上的变化,引起了原宗主国英国与印度之间在经贸关系方面的变化,甚至导致了逆转现象的发生。其中最为典型的一个例子,就是印度的汽车制造产业。在印度引进外资企业的过程中,这是与本地企业竞争最为激烈的行业。

根据 2007 年 10 月份的统计,在印度的轿车销售市场上,印日合资企业马璐蒂·铃木的产品占有率独占鳌头,为总销量的 46.5%;本土企业产品塔塔汽车的占有率位居第二,为 14.6%;韩国现代汽车的占有率排名第三,为 13.5%;本土企业产品马恒达汽车的占有率居第四位,为 6.5%。在商务车行业里,塔塔汽车公司的产品则拥有约 2/3(65.8%)的市场占有率,处于绝对优势的地位。2008 年 9 月,该公司以 10 万卢比的低价推出了新款车型"纳诺"(4 人座,排气量为 623cc,折合日元为 20 万元左右),号称全球最低价格,一时轰动了世界汽车销售市场。

另外,同样是在 2008 年,塔塔汽车公司以 23 亿美元的价格,从美国同行福特汽车公司手里,收购了英国的轿车制造企业捷豹和路虎两大汽车品牌企业。捷豹汽车是象征着英国汽车形象的高级名牌轿车,深受富裕阶层人士的青睐。路虎汽车也同捷豹汽车一样,作为四轮驱动汽车的先驱者而受到全世界的好评。新兴的印度汽车企业塔塔汽车公司,以并购的方式收购了象征英国汽车形象的品牌,这个事件使得曾经的英印经贸关系发生了逆转,意味着印度企业追求跨国化和收购欧美企业的时代已经到来。

[10]

在钢铁行业中也出现了同样的情形。2006 年夏季,旅居英国的印度企业家拉克希米·米塔尔（米塔尔钢铁公司创始人）成功地收购了总部设在卢森堡的阿塞洛钢铁公司，使自己的公司在创立30周年之际，一跃而成为全球排名第一的钢铁制造企业。2007年1月，米塔尔钢铁公司又以130亿美元的价格，收购了英荷合资的科鲁斯钢铁公司。在以往印度企业收购外国企业的历史上，这是规模最大的一次。

在2004年至2008年间，印度面向外国的直接投资金额急速增加，印度企业收购国际企业的事例频繁出现。那么，导致这种印度企业攻势凶猛、英印经贸关系逆转现象发生的原因究竟是什么？在考察这个问题的时候，我们有必要追溯历史，将19世纪下半叶殖民统治时代的英印经济关系作为一个具体的研究课题，回顾一下印度最大的财阀——塔塔财团的起源与发展的整个历程。

塔塔财团的创始人贾姆谢特吉·塔塔（1839—1904年）出生于印度西部古吉拉特邦，是印度现代工业先驱。1874年，他在纳古浦尔创办了自己的棉纺织厂，取名为"恩普莱斯·米尔"，迈出了经营近代机器纺织业的第一步。随后，他在将公司总部移至孟买，继续扩大企业规模的同时，于1903年建成了著名的泰姬陵大酒店，使之成为印度民族主义的象征。 [11]

1907年，贾姆谢特吉·塔塔的第二代传人德拉普吉·塔塔（1859—1932年）开始进军钢铁行业，在印度东部比哈尔邦（现贾坎德邦）的贾姆谢德普尔创建了近代炼铁厂，也就是现在塔塔钢铁公司的前身。第一次世界大战期间，该公司协助参与了战时军需物资的征调工作，战后则又及时抓住印度政府推行"保护主义"产业扶植政策的机会，将投资领域扩展至重化工行业，以谋求经营的多样化。

另外，塔塔汽车公司起源于 1945 年成立的铁路蒸汽机车制造厂。自 1954 年起，它与德国的戴姆勒·奔驰公司进行资本合作，开始进入汽车制造领域。现在，它已经发展成为拥有约 5 万名职工、客车生产规模居世界第二、卡车生产规模居世界第四的汽车品牌企业。

塔塔财团的总部现在依然设在孟买。第五代传人拉坦·塔塔（生于 1937 年）于 2012 年年末退居二线，财团现在由年轻的萨伊勒斯·米斯托里（生于 1968 年）负责全面经营。根据绘所秀纪《腾飞的印度经济》（『離陸したインドの経済』，ミネルヴァ書房，2008）一书的研究，塔塔财团总共由七大部、916 个公司组成，包括塔塔钢铁公司在内的原材料部（占总销售额的 23%）、包括塔塔汽车公司在内的制造与工程技术部（占 32%）以及信息与通信部（占 20%）是三大支柱产业。

[12]

正如塔塔财团的发展史所显示的那样，从英国统治时期的后半段（19 世纪末）开始，虽然印度仍然处于殖民统治之下，但是由本土资产阶级经营的近代工业已经逐渐兴起。进入 20 世纪，尤其是第一次世界大战以后，本土工业的发展势头进一步加速。在本书的第三章中，我们将对两次世界大战的间歇期到独立以后的印度经济政策，以及原英帝国时代的英印殖民关系展开详细的考察，进一步理解现代印度实业界所形成的"经济攻势"的原动力。

3. 现代英国经济格局的变化——伦敦金融城的繁荣与文化多元主义

那么，已经成为塔塔财团进行企业并购对象的英国经济的现状又是怎样的呢？

关于英国的制造业（工业），现在几乎找不到任何令人振奋的话题。根据2006年的统计数据来看，虽然英国的GDP规模在当今世界范围内排在第6位，但是工业在其GDP总量中的比重却只有26.5%，7成以上（72.6%）的GDP都来自第三产业（金融与各种服务性行业）。另外，就业人口的比例情况也基本上与此相仿。

2011年7月的《经济》杂志，对位于东米德兰地区的工业城市——达比（英国的制造业中心之一）的两家企业的动向，进行了对比性报道。一家是英国唯一的铁路车辆制造工厂，创立于19世纪中叶，现在归加拿大的运输企业庞巴迪公司所有；另一家是制造喷气式发动机的罗尔斯·罗伊斯公司。 [13]

庞巴迪公司的这家工厂，虽然在伦敦的地铁车辆生产方面拥有不错的业绩，但是在英国政府为采购与伦敦市区相衔接的铁路车辆而举行的公开招标（约1 200辆）中，却因不敌德国的西门子公司而失去了订购客户，现在正处在大量裁员和工厂倒闭的危机之中。

同处一市的罗尔斯·罗伊斯公司的这家工厂，在经历了1971年的破产和国有化风波之后重整旗鼓，现在已成为世界排名第二的喷气式发动机生产基地。该工厂妥善地应对标准化技术体系与多样化顾客需求之间的状况，经营范围由发动机制造扩展至机械维护管理等服务性行业，力争产品的高出口率（85%），通过这些全球化战略而维持着满额订购和满负荷生产。利润的半数以上（51%）来自与发动机相关的服务性行业，在销往全世界的喷气式发动机的生产过程中，运用了最新式的通信技术，通过远距离操作技术，可以在达比市内的操控室里进行 24 小时管理。

[14] 通过对同处一地的这两家工厂状况的对比可以看出，只要选对了努力方向，处于衰退之中的英国制造业仍然有可能具备国际竞争力，其中的关键就是要强化与服务性行业的联手机制。

然而，现在英国经济的年增长率依然不足 2%，在欧洲各国中仅次于德国，处于相对安定的状态（以 2010 年为时间节点）。与此同时，伦敦金融城的金融服务市场是维持这种局面的主要支柱。

在国际金融和海上保险业务领域里，伦敦可谓引领世界的核心地区。伦敦金融市场上的外汇兑换交易额，超过了纽约和东京两大市场的交易总额，约占全球日交易额总和的 40%。许多对冲基金都在伦敦设立总部，世界上首家碳排放权交易所也设在伦敦。伦敦金融城虽然经受了世界金融危机的打击，但是 2011 年依然为英国的GDP 做出了 3.1% 的贡献。

在伦敦金融城区域内，大规模的高层建筑工地至今依然是接二连三呈现出一派繁忙景象，向世界展示着金融城的活力。位于市中心的英格兰银行（图 2）是英国的中央银行，它的东侧地块现在正以迅猛的势头进行改造和重建，数栋 50 层以上的超高大楼正在建[15] 设之中，这些高楼大厦现身于伦敦市内可谓史无前例。另外，随着1980 年代以来旧区改造工程的展开，在距伦敦金融城以东 4 公里处的德克兰地块（原来的码头和仓库大街）上，已经形成了一个以加那利码头为中心的第二金融街，汇丰银行（HSBC）、美国的花旗银行、巴克莱银行等大型银行都在此设立机构。

　　1986年10月末，保守党的撒切尔政府大胆地实行了被称作"大爆炸改革"的金融自由化政策，正是这次金融改革促成了伦敦金融城这一巨大的变化。它彻底废除了对外汇交易的限制，全面开放了伦敦证券交易所的会员资格，打破了伦敦金融城在金融业、证券业和保险业等领域里长期以来所形成的各种排他性传统习惯和壁垒，使得外部的有生力量能够自由地进入市场。 [16]

　　由于美国纽约和欧洲大陆（瑞士、德国、荷兰等）的大批金融资本的相继进入，于是就有了专门引进和处理金融、证券交易、投资咨询以及不动产交易等项业务的大型投资银行的问世。在野村证

图 2　英格兰银行：金融城是以英格兰银行为中心发展起来的，紧密的人员关系是其信誉的支柱（笔者摄影）

券公司的带领之下，日本的金融机构也大幅度地提高了自己的存在感。这种戏剧般的金融自由化政策实施之后，虽然伦敦金融城作为世界金融中心的地位得以加强，但是它原先独有的封闭型和特权型的绅士文化却随之不复存在。

然而，伦敦金融城的经济繁荣并非始于20世纪的下半叶，而是可以追溯到1694年。这一年，英格兰银行在伦敦金融城的中心区域高调问世。学术界有一种观点认为，近代英国在政治上和经济上的迅猛崛起，与其说是得益于工业革命以来制造业的急速发展，倒不如说是依赖于伦敦金融城的世界影响力的扩大。顺着这一思路，更有一些学者开始关注伦敦金融城的金融服务行业与英帝国以及英国海外扩张之间的紧密联系。

与此同时，从人员的流动（移民）方面来看，伦敦金融城业务范围的扩大和全球化进展，也使得伦敦越来越变身为世界主义的全球化城市。在现代化的伦敦中，有一个深受年轻人喜爱的马路市场——砖巷街，它就设在伦敦金融城东侧的利物浦大街车站附近的平民居住区，这里是曾经的伦敦贫民区（伦敦东区）的一角。砖巷街的市场商铺都由平民开设，其中销售的日用杂货和半新半旧的调剂商品的价格都格外便宜。另外，这里还有几家印度人经营的印度风味餐厅，也更加提升了砖巷街的人气度，因为在那里可以品尝到伦敦价格最优惠的正宗印度咖喱的美味。笔者本人自从在朋友的带领下尝到了甜头以后，那里也成了经常光顾的场所之一。

19世纪以来，在与世界金融中心接壤的地块上，竟然还存在着"伦敦东区"这样的贫民区，这个事实本身就是一个有趣的现象。

[17]

现如今，东区居民中的相当一部分人，都是在第二次世界大战以后，从南亚次大陆，尤其是巴基斯坦和孟加拉等原英国殖民地迁徙过来的移民及其后裔。在砖巷街一隅，还有一座为伊斯兰移民建造的清真寺。他们都是为了追求经济富裕和就业机会，利用二战以后继续存在的英帝国英联邦的特权，以"英帝国的臣民"（British imperial subjects; Commonwealth citizenship）的身份，享受着优惠待遇而定居于此的工作移民（参照本书的第二章）。

1960 年代，随着非洲大陆上英国殖民地的相继独立，原先居住在肯尼亚、乌干达以及坦桑尼亚等东非地区的印度人，由于担心来自非洲本土政权的政治迫害、经济压迫和不正当的民族歧视，纷纷以难民的身份大量拥入英国本土。他们这些印度裔"帝国臣民"，原来在东非社会中不仅垄断着与商业和流通网络相关的经济利益，而且还充当种植园的经营代理商或者下层官吏，曾经是英国维系东非殖民地统治的中介力量。这批来自东非地区的印度裔难民识字率高，又热心于教育，来到英国社会以后依然活跃在小型零售行业和服务行业之中，当财富积累到一定程度的时候再兴办实业，因而很多人都能够进入律师以及医生等高端专业人群，可以说是社会成功人士辈出。

[18]

在现代英国社会中，已经形成了一个拥有 250 万以上人口的南亚裔共同体。香料咖喱粉料理之所以被推举为代表英国的菜肴，正是由于这个缘故。

第二次世界大战以后迁徙到英国来的工作移民，不仅仅是南亚裔人群。最早的工作移民来自西印度群岛，随后还有来自英国在西非的各个殖民地的人群。在接受这些移民的过程中，英国工党政府曾于 1970 年代引进了文化多元主义的教育理念。在英国制造业走向衰退和没落的岁月里，他们这些有色人种的移民，处于失去工作和遭受各种不平等待遇的境地，因而在 1980 年代多次举行反种族歧视的暴动。2011 年由此引发的骚乱，让人记忆犹新。

然而，作为英国社会的基调，文化多元主义依然得以维持；多样化民族集团的存在，给现代英国的经济和社会带来了新的活力。尤其是现代伦敦的文化活力和伦敦金融城的经济活力中的一部分，也深受英国特有的、源自殖民地和帝国统治时期的文化多元主义的影响。从撒切尔时代开始，英国政府实施了开放性资本引进政策，

〔19〕 对外国直接投资项目给予优惠待遇，这些举措同样也在伦敦走向全球化的过程中发挥了巨大的作用。塔塔汽车公司并购捷豹和路虎汽车这样的战略举措，我们也只有将其置于这样的背景之下才能予以准确的理解。

4．本书的写作目的

通过对 18 世纪到 20 世纪末英帝国历史的考察，为寻找重新解释世界历史进程的新思路而略尽绵薄之力，这就是本书所追求的目标。

2001 年 9 月 11 日所谓"同时多发性恐怖事件"发生之后，美国主导的反恐战争的爆发及其陷入的僵局，致使一些将美国视为帝国的所谓"美利坚帝国论"的论著纷纷出笼。然而，这种论点大多

数都是由研究国际关系学和国际政治学的专家们提出来的，它们无视历史实情，只是一种在纯理论框架之中的"空对空"式的推理而已。因此，我们有必要通过对世界历史上的"帝国"的历史进行重新审视，对以美国为中心的现代世界格局的形成进行考察。

在这样的研究过程中，能够为我们的比较研究提供相应素材的，正是英帝国。英帝国曾经是世界近代历史上最大的帝国，曾将世界陆地面积的 1/4 作为其殖民地区。它的影响力并不仅仅局限于加拿 [20] 大、澳大利亚、英属印度等正式的殖民地范围之内，依仗着自己占绝对优势地位的经济力量，还扩及中国、拉丁美洲、奥斯曼帝国等"非正式帝国"区域（参照本书第二章第 2 节）。以这样的帝国为基础，19 世纪中叶以后的英国成了世界上的霸权国家。20 世纪下半叶，继承了这种霸权国家的地位并维持至今的，就是美国。

18 世纪末以后，随着美国的政治独立（非殖民化），英帝国将统治领域的重点从环大西洋地区转向了亚太地区，而这一统治重点的中心就是南亚次大陆上的英属印度。从 18 世纪末开始，英属印度通过"亚洲三角贸易"与中国（清朝政府）建立了密切的经济关系，并且获得了作为这一贸易通道的关键重镇的新加坡（即后来的英属海峡殖民地）。这样一来，如果将非正式帝国区域也包括在内的话，在 19 世纪以后的英帝国版图上，新加坡、马来西亚、印度、泰国等都已被囊括其中，而这些国家和地区正是实现 20 世纪下半叶的亚洲经济复兴、创造出世界银行于 1990 年代前半期所倡导的"东亚奇迹"的主要承担者。有鉴于此，本书将着重关注这些亚洲国家与英帝国的相互关系。

接下来，本书将根据时代的顺序，将 18 世纪到 20 世纪末英帝国的形成、发展以及解体的过程，分为三个时期（漫长的 18 世纪、19 世纪、20 世纪）进行考察。所谓"漫长的 18 世纪"，正如我们在第一章中也将要说明的那样，原本是英国国史研究中特有的一个历史分期概念，它所涵盖的时间范围从 1688 年的光荣革命到 1815 年的拿破仑战争结束。在考察这一时期的过程中，除了英国本土的历史变动之外，随着帝国的发展和扩张，英国本土与已经成为正式殖民地的各个地区之间的相互对应和走向，都将成为我们重点关注的内容。不仅如此，对于 19 世纪中叶以后的历史进程，我们还将涉及非正式帝国与英国的霸权问题，进而对英国在全球规模上的影响力展开考察。

然而，在既有的关于英帝国的研究中，学者们往往都将关注的重点置于英国本土对于帝国其他地区的政治统治和经济支配方面。由"统治—隶属关系"所形成的垂直型上下关系以及从 19 世纪末开始的所谓"帝国主义时代"里的经济剥削，成为人们批判的对象。当然，这种"统治—隶属关系"是我们在广义地确定"帝国的历史"的时候不可或缺的重要因素。作为对帝国统治的排斥和反抗，早在 18 世纪末，就已经爆发了由白人种植园主领导的美国独立革命，促进了帝国体制的重新调整。在亚洲，第一次世界大战以后兴起的民族独立运动，在第二次世界大战中进一步高涨起来，并与殖民地的解放斗争相互呼应，终于促成了 1940 年代后半期南亚各国的政治独立（非殖民化）。非洲各国掀起反殖民运动的时间虽然晚了一点，但是都在 1960 年代摆脱了殖民统治。

在本书中，我们将以上述历史过程为前提，把目光投向英帝国 [22]
所具有的其他方面。

英帝国为境内外各种各样的国家和人们，提供了各式各样的机
会和发挥才智的舞台。在英国本土，上到资本家，下到工人阶级和
贫穷的平民，在日常生活中都以平常之心消费着从帝国各地进口来
的廉价茶叶、蔗糖、棉布等等。与此同时，在帝国境内的各个地区，
当地的商人们也能够有效地利用英国构建起来的自由贸易制度框架
进行商品销售；接受过英语教育的殖民地精英们，也能够从事诸如
下级官吏以及律师等专业性职业，同样获得了施展才华的机会。不
仅如此，以日本为代表的亚洲新兴国家，也都能够为了谋求本国的
利益，有选择地利用英帝国所提供的各种便利，如自由贸易制度和
作为基准货币的英镑等。

本书将通过考察上述这样被形形色色的势力和人群"所利用的
英帝国"的真实状态，揭示出围绕着这个帝国而产生的各种相互作
用和相互关系。

在近年来的历史研究中，重视考察世界各地区之间的历史联系
性和相关性，致力于对世界历史做出全新解释的新趋向，即全球史
研究越来越受到人们的关注。在本书中，我们将着眼于英国本土与
帝国各地区之间的相互关系，以及英国作为一个超越帝国范围而存
在的霸权国家所拥有的影响力，探讨一下在构筑全球史体系过程中
足以充当"桥梁"的英帝国史的意义和价值。

第一章

环大西洋世界与东印度

——漫长的18世纪

1．英帝国的起源

从爱尔兰到大西洋世界

英帝国的起源究竟可以追溯到什么时代？这是一个涉及"帝国"定义的难题，无法找到现成的答案。

在大航海时代末期的 1588 年，德雷克接受了伊丽莎白一世女王的命令，率领英国舰队大破西班牙的无敌舰队。这一事件虽然成为英国在欧洲世界崭露头角的一个契机，但是英国要想真正地向海外扩张自己的势力，还有相当长的路程要走。就英国当时的实际情况而言，在连海军与海盗的区别都难以把握的背景之下，冒险商人们仅仅就是以个人的力量，尝试着向西班牙在大西洋的霸权进行挑战而已。

鉴于这种情况，英帝国的起源及其向海外扩张的契机，似乎应 [24] 该追溯到 17 世纪的上半叶。因为在这个时期，大批人口从英格兰和苏格兰正式迁徙到大不列颠岛的西部邻居爱尔兰的阿尔斯塔地区（现在的北爱尔兰）进行垦荒。天灾、歉收、粮食不足——在这种"17 世纪的全面危机"的大萧条中，为了寻求新的活路和土地，人们先后拥向与大不列颠岛隔爱尔兰海相望的阿尔斯塔。截至 1641 年，从苏格兰移居到阿尔斯塔的垦荒人口已经达到 3 万人。这些苏格兰垦荒者的奋斗目标，就是要与那些中世纪末期以来陆续到达这里并已占据统治地位的英格兰垦荒者们谋求共存。在共同对抗当地天主教势力的过程中，这些外来的垦荒者逐渐形成了所谓"英国人（the British）"这一共同意识及其身份认同。

英国的势力扩张以大不列颠岛为起点，经由爱尔兰岛随即一路向西，剑锋直指大西洋世界的美洲大陆和西印度群岛。即使在今天，从地理上来看，北美大陆的东海岸与爱尔兰岛之间的距离非常近，作为联结北美航线的中枢，爱尔兰西部的香农国际机场的客货吞吐量超过了首都都柏林的机场。对爱尔兰岛的殖民活动，成了后来英国跨大西洋海外扩张的先期行为；从此，爱尔兰岛就成了英国从大不列颠岛走向海外的各项事业的试验场。

[25]

1607 年，弗吉尼亚公司在北美大陆建立了詹姆斯镇。1620 年，一群被称为"朝圣者始祖"（Pilgrim Fathers）的清教徒来到了北美大陆，奠定了英国在新英格兰建立殖民地的基础。

1649 年 8 月，正值英国革命的巅峰时期，以奥利弗·克伦威尔为总司令的英国议会派军队在爱尔兰的都柏林登陆，随即以镇压叛乱为理由大肆屠杀当地居民，而且一直将镇压行动持续到 1650 年 5 月。根据 1652 年 8 月的《爱尔兰处理法案》和 1653 年 9 月的《满足法案》的规定，英国政府没收了大量的爱尔兰叛乱者和天主教徒的土地，并将这些土地转让给了那些为镇压叛乱提供资金的伦敦商人和新教徒，爱尔兰事实上已经沦为英国的殖民地。

1655 年，克伦威尔派遣舰队占领了西印度群岛上的牙买加，这一事件标志着英国正式横跨大西洋使用武力的开始。

1660 年斯图亚特王朝复辟以后，英国走向大西洋世界的步伐越来越大。越来越多的英国垦荒移民，不断地拥向以巴巴多斯岛为代表的加勒比海殖民地，开发了大量甘蔗种植园。后来，这里作为粮食和木材资源的供给基地，成为支撑北美殖民地继续存在的保障。

1672 年成立的皇家非洲公司，为了确保西印度群岛上的劳动力（黑奴），在西非的沿海地带（冈比亚、黄金海岸等地）从事奴隶贸易，从而为后来 18 世纪正式形成的跨大西洋殖民地贸易网络和"大西洋三角贸易"奠定了基石。　　　　　　　　　　　　　　　　　　[26]

与亚洲的贸易——东印度公司的创立与白银的流通

在 16 到 17 世纪，联结亚洲和欧洲的远距离贸易也取得了新进展，那就是 1600 年成立的英国东印度公司及其贸易活动。英国东印度公司是以全盘接收东方公司（1592 年成立）的方式建立起来的，由于东方公司原本就是在东地中海地区与亚洲之间经营东方物产贸易的，因而它立即成了英国最大的特许公司。

K. N. 乔德利是研究英国东印度公司早期活动的专家。根据他的研究，东印度公司最早的贸易活动，主要是从事胡椒、香辣调料、棉纺织品等东印度特产商品的进口业务，因为这一时期欧洲社会对这些商品的需求日益增多。然而，1602 年荷兰东印度公司宣告成立，成为英国东印度公司强有力的竞争对手，使英国东印度公司陷入了苦战自保的境地。之所以会出现这种局面，就是因为荷兰东印度公司不仅资本雄厚（是英国东印度公司的 10 倍以上），而且在东南亚的马六甲和巴达维亚、东亚的中国台湾（台南）和日本平户等地区开设了商馆，因而在亚洲贸易方面占了先机。

[27]

从当时的情况来看，作为购买上述亚洲商品的出口交换物，英国产的毛纺织品（取代了老式厚毛呢的薄毛呢）已经丧失了用于出口交换的价值，因而只能将从新大陆带回来的银块当作交换手段。为了控制银块的出口量，对于英国东印度公司以及荷兰东印度公司等总部设在欧洲的垄断贸易公司来说，必须加入联结南亚、东南亚和东亚等各地区的"亚洲域内贸易"（the country trade）体制。其中，日本具有特殊的魅力，因为从 16 世纪到 17 世纪初，日本是世界上屈指可数的白银出产国。

在近年来全球史研究中，与白银相关的世界史研究思路受到了人们的关注。美国学者 D. 福林就是倡导这一研究方法的代表性人物。根据他的研究，从全世界范围内来看，16 世纪是白银流通量飞跃增长的时期，堪称"白银的世纪"；究其原因，正像人们所熟知的那样，就是由于西属美洲大量开采银矿的缘故。

然而，从亚洲的实际情况来看，正式开启 16 世纪上半叶东亚地区"白银时代"的不是西属美洲的银块，而是日本产的白银。福林注意到了作为"白银的世纪"一大白银出产国的日本，并详尽地考察了日本白银输出在世界历史上的意义，尝试着构筑一个包括日本史（日本经济史）在内的最新全球史体系。

16 世纪初，东亚地区的白银开采事业中的朝鲜半岛的端川银山，

[28]

出产的白银通过贸易流向中国和日本。到了 1530 年代，日本各地的战国大名，纷纷从朝鲜半岛引进了灰吹法等新型精炼技术，积极地

致力于银矿的开采活动。于是，日本的白银产量急剧增加，并大量出口到朝鲜和中国等地。位于日本岛根县中部的石见银山，是当时最具有代表性的银矿，2007 年已被联合国教科文组织列入《世界文化遗产名录》。从 16 世纪中叶到 17 世纪初，日本的白银年产量已达到 200 吨，占全世界白银总产量的 1/3，石见银山则是日本最大的银矿。

　　然而，当时的朝鲜和中国都在实行海禁政策，严格限制民间贸易。在中国国内白银需求和日本白银产量都迅速增长的背景之下，敢于冲破海禁政策而私下从事双方交易的，就是那些所谓的"倭寇"。实际上，他们是由来各个地区的人们所组成的走私贸易集团。这些人在从事海盗活动的同时，也把日本的白银输送到了中国，逐渐地改善了中国白银不足的状况。 [29]

　　进入 16 世纪中叶以后，明朝政府不再严格实施海禁政策，也停止了对北方的战争，从而使得交易活动逐渐地得到了恢复。在这一过程中，欧洲势力开始积极地参与东亚域内的贸易活动。

　　尤其是葡萄牙，由于在联结澳门与长崎的贸易中，掌握了日本白银和中国生丝的交易，因而从中获得了巨大的财富。与此同时，西班牙则于 1571 年在马尼拉建城，与到访的中国福建商人携手，将来自中国的奢侈品和来自太平洋彼岸的白银（包括走私贸易）进行互换，也从中获得了大量财富。墨西哥的阿卡普尔科是新大陆太平洋沿岸的港口城市，联结阿卡普尔科与马尼拉的大帆船贸易，主要就是从事这种跨洋业务的。根据研究者的估算，每年有 25—30 吨美洲大陆的白银，通过大帆船贸易被横跨太平洋运到了马尼拉。16 世

纪的西属美洲和日本出产的白银，最终都通过各种不同的途径流到
了中国，这个时期的中国成了"世界白银的终点站"。

亚洲的大航海时代

无论是英国东印度公司，还是作为竞争对手的荷兰东印度公司，
[30] 它们当初的目的就是获取东南亚出产的香辣调料，结果却通过这一
贸易活动，自然而然地进入了以白银流通为基础的亚洲域内贸易
网络。

近年来，在以桃木至朗为代表的亚洲海域史研究领域中，关于
近代早期亚洲域内贸易的问题成为深受关注的热门课题[1]。在这些研
究中，最为引人注目的是一些近来颇能引起学者们兴趣的贸易项目，
诸如中国商人所从事的中国生丝与日本白银的贸易，荷兰东印度公
司所从事的印度生丝、印度丝绸、印度棉纺织品与日本白银、中国
黄金的贸易等等。

英国东印度公司虽然也在阿尤塔雅（暹罗）、帕塔尼（马来半
岛）以及平户开设了商馆，但是在贸易方面都没有获得实际效益，
并于 1623 年在东南亚摩鹿加群岛（马鲁古群岛）上的安波那（安
汶），与荷兰东印度公司武力抗争失败之后全部遭到封锁。在此期间，
1600 年跟随荷兰利福德号商船来到日本丰后国的英国海员威廉·亚
当斯（日本名为"三浦按针"），作为德川家康身边的外交顾问，
成为日英交流的先驱者。此后，英国东印度公司改变了自己经营亚

---

1 桃木至朗编：《亚洲海域史研究入门》，岩波书店，2008 年。

洲贸易的主要方针，将根据地转移到南亚地区，专门从事印度棉纺织品（平纹白布和平纹细布）与中国茶叶的进口贸易。

东印度地区出产的棉纺织品，1613 年由英国东印度公司首次进口到英国本土。到了 17 世纪下半叶，作为一种皮肤触感舒服、色泽鲜艳以及图案优雅的舶来品，平纹白布和平纹细布等印度棉纺织品，[31] 不仅博取了绅士阶层等社会中上层人士的青睐，还深受一般平民的广泛喜爱，因而也就成了英国东印度公司所经营的亚洲物产中的主流产品。在包括英国在内的欧洲各国，作为时尚界最新流行款的纺织品和服装面料，印度产的棉纺织品是最受欢迎的商品。可以说，它作为代 [32] 表"富裕的亚洲"的商品，受到了社会各个阶层的广泛好评（图 3）。

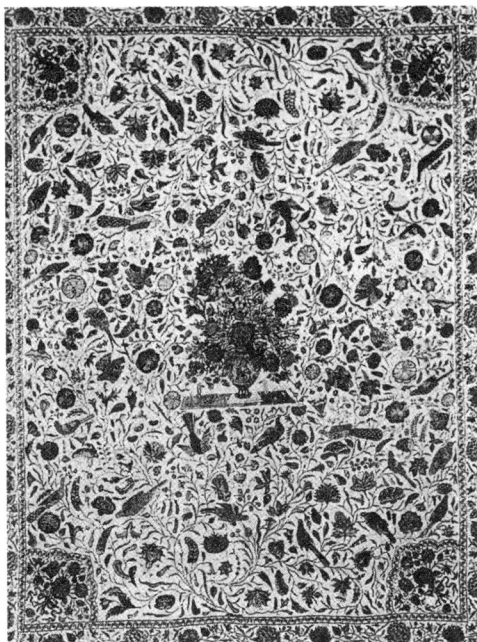

图 3　18 世纪的印度棉纺织品
平纹白布以及平纹细布等棉纺织品，或者用靛蓝染色，或者染印上鲜艳的图案，成为欧洲最受欢迎的商品

从上述考察中可以看出，创立于 17 世纪欧洲的垄断贸易公司，为了自己能够以优惠的条件获得深受人们欢迎的亚洲物产（棉纺织品、陶瓷、茶叶等），相互之间展开了激烈的竞争。根据安东尼·李德的研究，15 世纪下半叶到 17 世纪上半叶，堪称是亚洲商人占据东南亚和东亚海域的主导地位、积极展开远距离贸易的"亚洲的大航海时代"。欧洲各国的东印度公司群，只是在依附于"富裕的亚洲"的前提之下，做一些顺风贸易而已。

在这一时期里，欧洲势力的区域性活动，只限于确保自己在亚洲各地的贸易据点。换而言之，这是英国以及欧洲的商人集团参与和利用既存的亚洲贸易网络的阶段。在亚洲贸易中，亚洲方面占据着明显的优势地位。

1688 年的光荣革命之后，经历过英国革命政治变动的英国东印度公司，逐渐与南海公司（该公司于 1694 年创立英格兰银行，于 1711 年设立并于 1713 年获得了向西属中美洲和西属南美洲殖民地输送奴隶的垄断特权）一起，成为支撑英国"财政革命"的有力机构。

[33]

2. 商业革命与英帝国——西印度群岛和北美殖民地

英国商业革命的展开

18 世纪的英帝国，是以北美殖民地、西非、西印度群岛（即加勒比海各区域）、不列颠群岛等环绕大西洋的各个海岛（即所谓"环大西洋世界"）为中心而形成的。接下来，我们将从以货物交换为

主体的贸易和通商关系的角度，对这个在环大西洋世界中形成的英
帝国的结构展开具体考察。

从 1660 年的斯图亚特王朝复辟到 1760 年代的美国独立战争，
在这 1 个世纪左右的时间里，英国的贸易结构发生了巨大的变化，
这是促成 18 世纪英帝国形成的原动力。英国经济史研究专家 R. 戴
维斯把这种大变动称作"商业革命"，日本学者川北稔也致力于揭
示其中的结构及其特点。在一般情况下，"商业革命"这一词语，
都是用于特指 16 世纪大航海时代西班牙和葡萄牙所主导的海外贸易
规模迅速扩大这样的现象。实际上，在 18 世纪的英国出现了更大规
模的变化。

英国商业革命的特点可以归为以下三个方面：

第一，英国的海外贸易额实现了大幅度增长。从 1700 年代初到
1770 年代初期，英国的出口总额从 642 万英镑增加到 1 567 万英镑，[34]
增长了 2.5 倍；进口总额也从 585 万英镑增加到 1 273 万英镑，增
长了 1 倍多。近代早期的欧洲经济处于相对的停滞状态，在这样的
大背景之下，英国进出口贸易的增长格外显眼。

第二，作为贸易对象的地域发生了极大的变化。与作为传统的
贸易对象的欧洲大陆相比，非欧地区所占的比重急剧上升。进入
1770 年代以后，在英国的贸易总额中，南北美洲（新大陆）和亚洲
各地区的份额已经达到 50% 以上，远远超过了整个欧洲地区。

第三，贸易商品的结构发生了根本性变化。在出口方面，到了
1770 年代，丝织品、棉纺织品、玻璃制品、皮革制品、肥皂、纸、蜡烛、
金属制品等日用杂品类工业产品的出口数量，达到了英国出口贸易

总额的 25% 以上，占国内产品出口额的 50%，而且主要的出口地区是非欧世界，可以说完全取代了英国对外出口的传统主打产品——毛纺织品。在这个过程中，毛纺织业以外的各种生产日用杂品类商品的工业基地逐渐形成。另外，在进口方面，无论是新大陆的蔗糖、烟草和咖啡，还是亚洲的棉纺织品和丝织品，进口数额都急剧增加。与此同时，这些舶来品经由英国转手的再出口贸易额也随之猛增，到 1770 年代为止，连续增加了 3 倍以上，达到了 582 万英镑，占英国出口贸易总额的 1/3（表 1）。

表 1　英国商业革命的贸易情况

（单位：1 000 英镑）

年	L 1640	L 1663/69	L 1669/1701	E 1699/1701	E 1752/54	E 1772/74
a′ 毛织物 a″ 非毛织物	（1 107） （27）	1 512 222	2 013 420	3 045 538	3 930 2 420	4 186 4 301
a 制品	（1 134）	1 734	2 433	3 583	6 350	8 487
b′ 谷物 b″ 非谷物	（17）	1 61	59 79	147 341	899 519	37 535
b 食料品	（17）	62	138	488	1 418	572
c 原料	（35）	243	202	362	649	794
A 国产品输出计 B 再输出计	（1 186） （76）	2 039 —	2 773 1 677	4 433 1 986	8 417 3 492	9 853 5 818
总输出额 （A+B） 总输入额	（1 262） 1 346 1 941	— 3 495	4 450 4 667	6 419 5 849	11 909 8 203	15 671 12 735

〔注〕A=a+b+c
（ ）内为仅由英国人进行的交易。L 仅为伦敦的，E 为英格兰和威尔士的
引自：R. 戴维斯《英国海外贸易：1660—1700》（R. Davis, *English Foreign Trade, 1660-1700*, Econ. Hist. Rev. 2nd ser. Vol. Ⅵ, 1954; id., *English Foreign Trade, 1660-1700*, Econ. Hist. Rev. 2nd ser. Vol. XV, 1962），川北稔《工业化的历史前提》（川北稔『工業化の歴史的前提』，岩波书店，1983 年）

这种 18 世纪英国海外贸易的扩大和英国商业革命，仅限定于由英国（英格兰）船舶经营的对殖民地商品的进出口贸易，是在 1660 年代出台的《航海法案》（目的就是谋求贸易垄断）和殖民帝国统治的背景之下实现的。 [35]

从 17 世纪末的光荣革命到 1815 年为止，为了获取更多的殖民地和海外市场，英国与法国之间时断时续地展开了长达 1 个多世纪的争夺战。这种战争也被称作为"第二次英法百年战争"。

根据伴随 1701—1713 年西班牙王位继承战争而进行的"安妮女王战争"的结果——《乌得勒支和约》（1713 年）的规定，英国从西班牙手中获得了直布罗陀这一通往地中海的战略要冲以及垄断奴隶贸易的特权，从法国手中获得了北美洲的哈得孙湾和纽芬兰。 [36]

在伴随"七年战争（1756—1763 年）"而进行的法属印第安战争中，处于优势地位的英国掌控着整个战局，占领了法属加勒比海殖民地（西印度群岛）以及塞内加尔、西属佛罗里达；又根据 1763 年《巴黎条约》的规定，从法国手里夺取了加拿大和密西西比河以东的路易斯安那，最终将法国势力赶出了北美大陆。与此同时，英国又在南亚 1757 年的普拉西战役中获胜，为后来建立印度殖民地奠定了基础。

就这样，包括环绕大西洋的沿岸各区域（即环大西洋世界）和"东印度"地区在内的英吉利殖民帝国（第一帝国）初具规模。英国商业革命虽然与其在非欧世界的领土扩张相伴而行，但是在这个过程中，联结英国本土和环大西洋各地区的贸易网络也基本形成，即所谓的"三个三角形"贸易线路图：英国—西非—西印度群岛、英国—

北美殖民地—西印度群岛、英国—爱尔兰—西印度群岛。

大西洋的三角贸易——奴隶贸易

在"三个三角形"贸易线路中,联结英国、西非和西印度群岛的"大西洋三角贸易"最为出名,对英国商业革命做出的贡献也最为特殊。[37]在这条贸易线路中,从西非到西印度群岛的奴隶贸易,西印度群岛上奴隶制种植园里的甘蔗和棉花生产,以及这些产品向英国本土的出口,这三者可谓环环相扣,而奴隶贸易则是重中之重。

2007年,正值英国颁布《废除奴隶贸易法案》(1807年,参见本书第二章)200周年,各地都举行了纪念典礼和专题展会。时任英国首相的托尼·布莱尔,在接受黑人杂志记者的采访过程中,对英国曾经从事的奴隶贸易表达了遗憾之意,从而引发了关于谢罪问题的大讨论。由此可见,奴隶贸易现在仍然是人们关注的对象。

学术界关于这个臭名昭著的大西洋奴隶贸易的研究可谓硕果累累。蔗糖是出口到英国本土和欧洲去的大宗商品,生产蔗糖的劳动力——黑人奴隶,被作为"商品"从西非各地"进口"到了西印度群岛和美洲大陆。奴隶们被关押在拥挤不堪的奴隶运输船中,通过这条横跨大西洋的所谓"中间航路"送往美洲。由于运送途中的卫生状况极其恶劣,因而奴隶的死亡率非常高。据统计,从1662年到1807年(奴隶贸易被废除),仅在英国的奴隶运输船上就有大约45万黑奴死于运送途中,死亡率高达13.2%。非人道的大西洋奴隶贸易,是近代世界历史上最大规模的强制性劳动力迁移现象。

美国著名的奴隶贸易研究专家F.卡丁曾经认为:从1451年到

[40]

1870 年，大约有 1 000 万人成为奴隶贸易的对象，其中的大部分流向了西印度群岛和巴西的东北部地区。随着近年来研究的不断深入，尤其是关于奴隶贸易的数据库的建立，这个数字得到了修正。一般认为，从 16 世纪到 19 世纪下半叶，奴隶贸易的对象约为 1 250 万人。根据 D. 理查森的研究，从 1662 年到 1807 年，英国运输船（包括北美殖民地在内）所运送的黑奴人数超过了 340 万，约占总数的 1/4。

英国的奴隶贸易经历了以下三次飞跃期：（1）1650—1683 年；（2）1708—1725 年；（3）1746—1771 年。在初期阶段，以皇家非洲公司（1672 年成立）为代表的特权公司掌握了垄断权。1698 年，特权公司的垄断权被废除之后，奴隶贸易进入了自由化发展阶段。从 1700 年到 1807 年，在英国运输船所运送的奴隶中，约 1/4（即 85 万人）被送到了西属殖民地和法属殖民地等外国领土上。

英国本土的奴隶贸易中心历经变动：17 世纪是在伦敦，1730 年代迁到了位于英格兰西部的港口城市布里斯托尔，1750 年代以后又转移到西北部的港口城市利物浦。

据理查森的推算，英国奴隶贸易的平均利润是 8%—10%，1790 年的年收益额为 15 万英镑。即使在奴隶贸易的中心转移到利物浦以后，伦敦商人依然通过供应信贷贸易商品（日常生活用品、火器和武器等）以及汇票兑换业务而继续发挥着重要作用。贸易商品是获取奴隶的交换物，奴隶贸易规模的扩大，在很大程度上要依赖于贸易商品供应源的稳定。在这种交换商品中，当然也包括从东印度进口而来再出口到非洲去的南亚所生产的棉纺织品。

[41]

另一方面，从作为奴隶供给来源的西非本土情况来看，奴隶中的大部分都来自大西洋沿岸地区，尤其是现在尼日利亚南部的比夫拉湾地区。这些沿岸地区的奴隶供应，基本上依赖于非洲当地的精英阶层和非洲本土商人。如果不能支付与非洲本土需求相应的等价报酬，就难以确保奴隶供应的稳定性，而且奴隶的价格也并不低廉。正因为如此，许多商人为了置办深受非洲当地人欢迎的印度棉纺织品和德国亚麻织品而东奔西走。七年战争前后，由于向非洲转手出口的印度棉纺织品的货源严重不足，英国东印度公司不得不向设在印度当地的商馆发函，要求它们尽可能多地置办专供非洲的棉纺织品。从这个意义上说，大西洋奴隶贸易与亚洲的东印度贸易是紧密相联的。关于这个问题，我们将在稍后的篇幅里详细论述。

为了获取更多的奴隶，英国商人与法国、葡萄牙以及荷兰等其他欧洲商人之间展开了激烈的竞争。作为这种竞争的结果，从 18 世纪以后，西非和中非各地的战乱和暴力行为（猎获奴隶）变得越来越频繁，给非洲当地的社会和政治结构带来了深刻而恶劣的影响。

[42] ## 西印度群岛的奴隶制种植园

英属西印度群岛在这种三角贸易中占据了举足轻重的地位，作为英帝国经济的核心，在 18 世纪的环大西洋经济圈里发挥了决定性的重要作用。

西印度群岛就是加勒比海诸岛屿，由包括古巴、牙买加、伊斯帕尼奥拉岛等在内的大安的列斯群岛，以及在波多黎各岛和委内瑞拉北部之间呈圆弧状连线的小安的列斯群岛所组成。牙买加和小安的列斯群岛的大部分岛屿，曾经是英国、法国、荷兰、丹麦等欧洲国家争夺殖民地的舞台。现在，这里存在着众多小型的岛国，是一个不为人所知晓的贫困地区。然而在 18 世纪，对于英帝国来说，这里却是一块被视为能够源源不断地提供财富的不可或缺的风水宝地。

英属西印度群岛虽然向英国本土提供了蔗糖、咖啡、棉花、天然染料等物资，也消费了大量的英国商品（主要是生活日用品类），但是它的基本定位依然属于专门经营蔗糖（甘蔗）生产的殖民地。在那里，奴隶制甘蔗种植园和离地地主制得到了大发展，大种植园主收获的巨额财富被原封不动地返回到了英国本土。

从 17 世纪开始，西印度群岛上的甘蔗生产进入了规模化阶段。虽然甘蔗生产的收益很高，但是由于连续种植导致了严重的地力枯竭，因而在不断寻求新的栽培土地的过程中，生产规模就像铺设庭院小径石路那样，向连成弓形的周边诸岛持续扩展开来。到 18 世纪中叶，英属西印度群岛的繁荣达到了顶峰，牙买加的迅速崛起与先期开发的巴巴多斯岛，以及背风群岛的逐渐衰落形成了鲜明的对比。[43]

17 世纪英国革命期间，克伦威尔政府派遣远征军占领了牙买加，英国人随即在岛上全面实行了甘蔗的单一栽培模式和大规模种植园制度。为了在当地完成甘蔗的栽培、榨汁、煮糖、蒸馏、结晶等粗糖生产的各个环节，初期的种植园都是一些农场与加工场结合在一起的"农工业复合体"（agroindustrial complex）。

为了能在被限定的时间里生产出粗糖，就需要有严格的时间纪律、熟练操作工以及由黑人奴隶组成的非熟练操作工这三大部分的有机结合。在英国本土，直到 18 世纪末才由于工业革命的兴起而出现了大规模的工场。其实在此之前，西印度群岛上早已经实行了对时间与劳动力的近代化管理模式，这是工业化管理中不可或缺的核心环节。

这种大规模的种植园农场创造了巨额的财富。根据川北稔的研究，牙买加种植园主在 1674—1701 年期间的平均收益为 1 954 英镑，1740 年代提高到 7 956 英镑，到了 1770 年代已经多达 19 000 英镑。借助于以伦敦商人为核心而形成的委托代理商制度和票据结算制度，当地加工生产的粗糖被大量地出口到英国本土。

[46] 英国的豪绅社会与西印度群岛

这种生产组织化的进展，带来了行业分工的加速和种植园主的离地化。由于面临着对热带地区高温潮湿天气的不适应和子女教育等现实问题，种植园主们往往将子女送回英国国内去接受教育。他们在国内接受的是从公学到牛津大学或剑桥大学这种传统的精英教育，即使后来继任种植园主，也都是将种植园的具体经营事务委托给代理人，自己则滞留在国内，成为离地地主。由于大种植园主的离地化，他们获得的财富就被全部送回到国内，从而产生了一部分国内需求。

近代早期以来的英国（英格兰）社会，是一个由大土地所有者——地主（土地贵族）占据主导地位的豪绅社会。作为一个绅士，为了确保其崇高的社会地位能够被认可，以下构成要件必不可少：拥有巨额财产足以不劳而获、独特的绅士生活方式及其消费规模和类型。

然而，正如川北稔在其研究（《工业化的历史前提——帝国与绅士》，岩波书店，1983 年）中所揭示的那样，在商业革命时期的英国社会中，出现了一批所谓"疑似绅士"（教养良好的绅士）。这些人虽然在收入的类型方面并不完全符合作为真正绅士的条件，但是在消费生活的类型方面却完全能够满足作为绅士的要求。16 世纪以来，法律人士、学者、军官、官僚、神职人员、内科医生等等，这些需要有教养并且具备一定专业知识的专业人士，作为"绅士的职业"人或者"疑似绅士"，为近代早期的英国上流社会增添了一定的社会流动性。 [47]

在离地地主制的形成过程中被送回国内来的西印度群岛的财富，催生了一批在英国上流社会中过着奢侈生活的新型疑似绅士，被称为"西印度群岛绅士"。据说，他们在英国议会中形成了一个人数达 40—70 名的所谓"西印度群岛派"，对帝国政策的制定也产生了很大的影响。实际上，西印度群岛已经成了维持英国本土上流社会中绅士性格的安全阀。

西印度群岛上完全奴隶制种植园的展开，英国国内特权型豪绅社会的重新生成，就像一枚硬币的两个方面，它们是同时进行的。

3. 北美殖民地与美国独立战争

北美烟草殖民地的发展

处于环大西洋经济圈之中的英国重商主义帝国，是靠三个三角贸易支撑着的。与上述联结英国、西非、西印度群岛的大西洋三角贸易同等重要的，是联结英国（包括苏格兰）、北美殖民地、西印 [48]

度群岛的北大西洋另一个三角贸易。接下来，我们将对这第二个三角贸易展开考察。

北美大陆的殖民地包括下列三个部分：（1）像北部的新英格兰以及中部的纽约和宾夕法尼亚那样，没有主打出口商品的"无用殖民地"，或者生产不出能够与本国产业形成竞争的商品的"危险殖民地"；（2）南部的弗吉尼亚和马里兰等"烟草殖民地"；（3）南北卡罗来纳和佐治亚等生产靛蓝和大米的殖民地。对于第二个三角贸易来说，最为重要的是位于南部切萨皮克湾地区的烟草殖民地。

说是"南部"，其实从地理上来看，它应该更加接近中部。现在的美国首都华盛顿，是处于马里兰和弗吉尼亚的包围之中的。17 世纪初的 1617 年，人们在切萨皮克湾地区发现了烟草这一主要的经济作物。在随即掀起烟草热的过程中，该地区从 1624 年开始成为皇家直属殖民地。

在这个地区，小种植园主占绝大多数。据统计，在 1690 年代的马里兰，74.6% 的种植园主的资产总额都不超过 100 英镑，他们的年收入也都处于 60—100 英镑之间，与上述西印度群岛绅士，尤其是牙买加的种植园主的财富相比，甚至可以算得上贫穷。造成这种状况的主要原因，在于烟草和蔗糖这两种主打出口商品的质量差异。

[49]

截至 18 世纪中叶，蔗糖已成为英国消费者的必需品。1663—1775 年期间，英国本土的蔗糖消费量增长了 20 倍；仅从 18 世纪的人均蔗糖消费量来说，就从 4 磅增加到了 18 磅。从西印度群岛进口的蔗糖中的大部分供应国内消费，并由于保护关税政策和航海法等人为因素，使得蔗糖价格居高不下。上述那些西印度群岛的既得利益者们，最大限度地发挥着自己的政治影响力，成功地操纵着英属西印度群岛的蔗糖价格，确保了自己的巨大收益。

相比之下，从烟草的情况来看，尽管它们的天然质量并不差，却都是先以廉价而未加工的干烟叶的形式进入英国本土，然后其中的 80% 以上再由英国出口到欧洲大陆。这种交易的中心市场，就是苏格兰的格拉斯哥（根据 1707 年《联合法案》被并入大不列颠联合王国）。1720 年代以后，由英国中转到法国市场的烟草出口量急速增加。来自于切萨皮克湾的烟草总量的 23%，由英国中转的烟草总量的 26% 都流向了法国。由此可见，作为专门用于中转贸易的国际商品，烟草对英国本土市场的依存度极其低下。

英属北美殖民地出产的烟草，虽然它的国际竞争力比西印度群岛出产的蔗糖强得多，但正是由于它被置身于国际市场的价格竞争的环境之中，因而利润空间和收益反而相对狭小和低下。这种主打出口商品的品性差异，在很大程度上决定了种植园主获得财富的规模及其生活方式。

烟草种植园主与劳动力的转换

北美殖民地的烟草贸易，使得殖民地方面拥有了购买英国本土商品的能力。通过格拉斯哥商人提供的中介和信用服务，中小规模的种植园主们，能够购买和消费来自英国本土的日常生活用品。大部分烟草出口的收入都在当地支出，来自英国本土的进口商品也被殖民地人在当地消费。反观西印度群岛，离地地主种植园比比皆是，所获财富悉数向英国本土转移。在这一点上，北美殖民地和西印度

[50]

41

[51] 群岛的情形也是大相径庭。

对于英国本土的日常生活用品生产者来说，北美烟草殖民地是为数不多的居于优先地位的出口市场。英国的日常生活用品在欧洲市场上并没有明显的竞争力和稳定的市场，却能够借助于具有强势国际竞争力的北美烟草，在北美殖民地确保了自己的出口市场。可以说，通过委托代理制度，烟草贸易为英国日常生活用品提供了购买力和市场。

如前所述，小种植园主们同样可以在这块烟草殖民地找到生存的机会。早在 17 世纪初期，由于消费市场随着烟草价格下跌而不断扩大，再加上削减生产成本的需要，已经出现了作为劳动力的白人契约雇工。然而，从 17 世纪末到 18 世纪初，随着欧洲中转贸易市场的扩大，北美殖民地也与英属西印度群岛一样，大量地引进了黑人奴隶。

这样的劳动力转换，最初是靠购入非洲黑奴得以维持的，而从 1720 年代以后则是由北美殖民地本土黑奴人口的自然增长，即本土出生的黑人（美国黑人）人数的增加来支撑的。于是，北美殖民地上的美国黑人社会开始形成。到了 19 世纪，这种美国黑人社会的形成和存在，也就成了北美社会人种问题和南北战争的远因。

[52] ## 北美移民与契约雇工

接下来，让我们重新考察一下近代早期从欧洲迁徙到北美及新世界来的移民（人员的流动）问题。

一般说来，从欧洲来到新世界的白人移民大致可以被分为两大类：一类是本人自愿的自由移民，另一类是所谓的非自由移民。迁徙到北部地区新英格兰的清教徒，以及中部地区宾夕法尼亚的贵格会教徒等属于前者，而殖民地时代迁徙到北美来的大部分人则都属于后者，即非自由移民。这些人都是与某些后援组织（或个人）签订契约后来到北美殖民地的移民，后者承担前者的路费和生活费，前者在北美的种植园里为后者从事一定时间（通常为 4 年）的强制性工作，因而被研究者们称作"契约雇工"（indentured servants）。

根据最新的估算[1]，从 17 世纪初到独立前夕（1607—1775 年），北美 13 个殖民地的移民总人数为 472 600 人，其中自由移民为 217 900 人（占 46.1%），契约雇工为 200 200 人（占 42.4%），流放囚徒为 54 500 人（占 11.5%）。同一时期，被强制押送到北美殖民地的非洲黑奴总数则为 311 600 人。可见，由于种种原因而丧失自由之后被迫跨过大西洋的白人已经超过 25 万人，达到了移民总数的 53.9%。

由于这些契约雇工构成了后来形成的"美国人"的主体，因而也就成了美国历史研究中被重点关注的部分。我们将在借鉴川北稔的研究成果（《民众的大英帝国——近代早期英国社会与美国移民》，岩波书店，1990 年）的基础上，对作为英帝国历史之一部分的美国历史展开考察。

关于近代早期契约雇工的出身问题，一开始就引起了热议。从

[53]

1　和田光弘：《紫烟与帝国——美国南部烟草殖民地的社会与经济》，名古屋大学出版会，2000 年。

17 世纪到 20 世纪中叶，"契约雇工 = 最下层贫民"的观点一直占据上风。学者们普遍认为，那些在英格兰无法生存下去的贫民和无法适应社会形势发展的落伍者，被遣送到新大陆以后成了契约雇工。

然而，自进入 1950 年代以后，所谓的"贫民说"被彻底抛弃。M. 坎贝尔认为：北美移民的出身应该是英国的中产阶层，包括农村的自耕农、城市里的熟练工匠和工商业者。1970 年代以后，在电子计算机的数据分析方法的协助下，这种"中产阶层说"也被全面修正。D. W. 加林森对 6 套涉及大约 3 万名契约雇工的出国调查资料进行分析以后，得出了这样的结论："17 世纪的男性契约雇工的情形，是英国社会状况极具代表性的一个缩影。"

[54] 川北稔在进一步研究之后认为：在契约雇工移民中，出身下层贫民的人数超出了加林森的推算。在川北稔看来，只要仔细地查看一下出国调查资料中有关出境人员的职业登记状况，就可以发现"无职业登记"的人数最多；这些"无职业登记"人员，并不是碰巧没有登记自己职业的粗心大意之人，而是"没有应该登记的职业 = 没有独立的社会人格"的人员。在近代早期的英国，这些人相当于隶属于某一家族的居家佣工。这个群体的主体部分，就是那些居住在农村并根据年度雇用契约从事农业生产的农业佣工、商人以及工匠的徒弟。

从"青春帮佣"到移民

在近代早期的英国，半数以上的人从 16 岁以后到 20 多岁这段时间内，都曾有过充当佣工的经历。也就是说，这种经历是他们人生中一种曾经的阶段性身份，但并不是终生都会固守这一身份。在这个意义上，人口史研究者们将这一经历称作"青春帮佣"。

川北稔的研究表明：这些年轻的青春帮佣阶层，在契约雇工移民中所占的比重最大，而且其中的大多数人（约 3/4）都是先前从全国各地来到伦敦谋生，然后再移居到北美大陆来的，就是所谓"来自全国各地的没落伦敦人"（Submerged Londoners）。换言之，"当时的英国社会是一个'贫民社会'，那些移民到北美去的契约雇工，即使是在这个圈子里也仍然属于下层中的更下层"。 [55]

川北稔进一步指出：青春帮佣们通过婚姻而形成新的家庭，并成为近代薪金劳动者储备大军中的一员；与此同时，他们也面临着失业和流浪，甚至于偷养和抛弃私生子，最终走上刑事犯罪或者性放纵的道路，陷入社会堕落的歧途。在 18 世纪的英国，失业、流浪、乞讨、卖淫、盗窃等犯罪行为，或者入伍从军等等，几乎成了与贫民的生存方式密切相关的固定名词。作为契约雇工而移民海外，也是其中之一。

当时，即使是犯有轻微盗窃罪的犯人，也都会被流放海外（最初是北美，后来是澳大利亚）。《囚徒押送法》从 1718 年开始实施，直到 1775 年美国独立前夕才被终止，在这期间被判处殖民地流放的犯人总数超过了 5 万人。这些被押送到北美殖民地的囚犯，也被卖到种植园而成了契约雇工。

与此同时，在 18 世纪对法国展开重商主义战争的过程中，有数十万贫民作为英国海军士兵奔赴战场。当休战期或者和平到来的时候,这些从失业者或者作为上述阶段性身份的帮佣中招募来的士兵,就会被迫在没有充分的经济保障的条件下离开军队,从而成为伦敦社会中潜在的流浪者和犯罪者。在他们中间,既有一些仅仅因为犯下了轻微罪行而被判处流放北美殖民地的所谓"强制性契约雇工",也有不少因走投无路而自愿签约的所谓"遂意性契约雇工"。

[56]

上述这些来到北美殖民地的白人契约雇工,作为劳动力深受当地种植园主的欢迎。然而,对于英国本土来说,通过将他们这些不安定因素送离出境的办法来谋求社会问题的解决,实际上就是把北美殖民地当成了解决问题的处理场所(开放式济贫所和开放式监狱)。也就是说,英国尝试着以尽可能向殖民地"输出"的方式来解决国内的社会问题。

生活方式的英国化

随着契约雇工移民人数的增加,到了 1740 年代,北美殖民地取代了西印度群岛,成为英国日常生活用品最大的出口市场。那么,这些出口到北美殖民地的日常生活用品,以及经由英国转口的殖民地物产(烟草),究竟又给美洲社会本身带来了什么影响呢?为了考察这个问题,我们必须结合英国本土与殖民地的历史进行综合把握。近年来,所谓"新帝国史观"(New Imperial History)的代表性人物,如 T. H. 布林、J. C. D. 波科克以及日本学者川北稔等人,都积极地倡导将美洲殖民地的历史纳入英帝国历史的框架之内展开研究。

[57]

根据这个帝国学派的研究,即使在历来被视为封闭而自立的北美殖民地，由于英国本土生产的日常生活用品和亚洲生产的茶叶、棉布等商品的大量进口，殖民地人的生活习惯也越来越趋于"英国化"。1740 年以后，在北美殖民地的进口商品中，以下两大类为殖民地人享受英国式文化生活提供物质保障的生活物资的增长势头明显：一是茶叶、茶杯、茶托、茶匙、手巾等与红茶相关的商品，二是棉布料材质的服装、书籍以及宣传手册等生活用品。

英国的日常生活用品以及经由英国转口的世界商品，对于当地的种植园主和海外贸易商等殖民地上流社会的人们来说，已经成为他们的生活必需品。随着英国商业革命的展开，烟草、靛蓝、棉花等殖民地主打出口商品的出口量持续增加，那些殖民地绅士的经济实力也随之得以增强。他们消费着越来越多的英国进口商品，生活方式也日趋英国化。在川北稔看来，使用英国商品成了殖民地人生活标准化的指标，同时他们的思想意识也通过"物"（英国商品）而被规范化和统一化。

这种因"物"的流通而形成的紧密的经济联系，促进了"人"的跨大西洋流动。在经营主打出口商品的南部殖民地，将销售出口商品和采购英国日常生活用品的业务同时委托给伦敦商人和格拉斯哥商人的委托制度，已经成为最通行的贸易方式。通过烟草交易中由"买青苗"所带来的信用供给与商品的赊账销售（仓储制度），逐渐地形成了信用的连锁，同时殖民地的种植园主也背负了英国本土商人阶层的巨额债务。[58]

除了这种商人的交流圈之外，还有清教徒、贵格会教徒、浸礼会教徒、长老派教徒、天主教徒等基督教各教派的宗教交流圈，传

教团体或传教士之间的交流圈，以及因"宗教大觉醒"运动的展开
而出现的宗教层面上的交流也越来越紧密。与此同时，为了强化殖
民地的防务，军队的调动也日益频繁。这一切变动的结果是，大西
洋最终成了英吉利殖民帝国的"内海"。

如前所述，西印度群岛上甘蔗种植园主的子弟们，通过伦敦代
理商的斡旋而进入英国本土的学校读书，毕业以后往往都继续留在
本土生活，从而造成了所谓"离地化"现象。与此同时，北美殖民
地的精英阶层通过去英国本土旅游等方式，带回了本土的最新信息
和流行时尚，同样也增进了殖民地对本土的了解。

另一方面，具有讽刺意义的是，作为针对法国的重商主义战
争——七年战争（1756—1763 年）的胜利，却给英国本土与北美殖
民地之间这种跨越大西洋的紧密关系带来了变化，继而引发了美国
独立战争。

[59] 美国独立战争

关于美国独立战争的原因和结果问题，历来是美国史研究领域
里频频引起争论的热门话题。根据帝国学派的说法，从 1760 年代开
始在北美 13 州殖民地出现的"生活方式英国化"趋势和拒绝这一趋
势的势力之间的不一致性，是引发美国独立战争的重要因素。

由于七年战争的胜利，英国夺取了加拿大（魁北克）和密西西
比河以东的路易斯安那，成功地将法国的势力驱逐出了北美大陆。
根据《巴黎条约》的规定，英国将战争期间所占领的圣多明各岛、
马提尼克岛以及瓜德罗普岛等原法属西印度群岛归还给法国，作为

交换条件，英国获得了多雪的不毛之地加拿大。之所以会出现这种结果，是由于英国议会内势力日益增长的西印度群岛派强势施压的缘故。因为法属西印度群岛在甘蔗生产方面占据着绝对的优势，因而英国的这些西印度群岛派害怕他们成为自己在帝国市场上的竞争对手。

英国虽然赢得了战争，但是为了筹措军费而发行了巨额赤字国债，因而背上了 1 亿 3 000 万英镑的债务。不仅如此，为了解决新增领土的防务问题，英国必须增加 1 万名殖民地驻军。可以说，当时的英国政府，就是一个靠发行巨额国债来维持重商主义战争军费的"财政军事国家"（fiscal military state）。然而，由于因七年战争而引起的财政赤字和债务数额的增加幅度过于迅速，以至于英国政府不得不将一部分财政负担转嫁给北美殖民地。

于是，1765 年，英国政府颁布了《印花税法》，强行对包括法律文件、商务文件、报纸以及书籍等在内的所有印刷品征收印花税。众所周知，殖民地人民以"不设代表不纳税"为理由，强烈地反对这一法案。在殖民地人民的反对声中，《印花税法》于 1766 年被迫废除。

然而，在 1767 年，作为英国政府的另一种增税手段，就是开始对茶叶、玻璃、纸张、颜料、铅等商品征收进口税，因为这是由财政大臣唐森德提出并主持实施的，所以又被称为"唐森德税法"。这项增税措施同样遭到了反对，甚至连钟表、家具、马车、帽子等（日常生活用品的一部分）从英国本土进口的非征税商品，都成了殖民地人民拒绝购买的对象。在当时的公共空间里，诸如使用英国本土进口商品或者采取英国生活方式等纯私人的个体行为，都成了政治

[60]

49

问题。

拒购英国本土商品的抵制运动，开始具备社会的强制力。如前所述，北美殖民地居民生活方式的英国化引发了文化上的融合。正因为有了这样的基础，所以拒绝英国商品和排斥英国生活方式这一行为本身，就成了一种强调殖民地之独特性的手段。从人们的社会生活这一方面来说，美国独立战争的基础已经形成。

双方的利益对立，因强征茶叶税而进一步尖锐化。正如我们将[61] 在本章第 4 节中详细论述的那样，英国政府为了解救陷入财政困局的英国东印度公司，1773 年颁布了《茶叶税法》，赋予东印度公司对北美殖民地销售茶叶的垄断权。

这项法案引起了北部地区马萨诸塞殖民地，特别是波士顿商人的强烈不满，因为这些商人都是在与亚洲（东印度）的茶叶贸易中的既得利益者。1773 年 12 月 16 日，一些反对《茶叶税法》的商人和激进派市民，装扮成原住民（Native American）袭击了停泊在波士顿港口的英国东印度公司的商船，将船上的茶叶全部倒入海水之中，造成了"波士顿倾茶事件"（Boston Tea Party）（图 4）。英国政府当即宣布关闭波士顿港，并派遣军队剥夺了马萨诸塞殖民地的自治权。

[62] 以这次事件为契机，北美殖民地居民拒绝以红茶为代表的英国商品及其生活方式的意志更加坚定，政治上的联合与协作程度也空前提高。紧接着发生的历史事件，诸如 1775 年美国独立战争的爆发，1776 年 7 月《独立宣言》的发表以及后续的相关过程等等，都已成为人们所熟知的历史常识。作为消费模式"脱英化"的典型表现，

图 4 波士顿倾茶事件
此事件也成为美国人的饮料嗜好从红茶转向咖啡的契机。另外，"tea party"一词也就成
了对现今美国共和党右翼的称呼

拒绝饮用红茶已经成为确立"美国人"这一认同意识过程中不可或缺的内容。

克里奥尔革命与主打出口商品的有无

从世界历史的进程来看，美国独立战争是一场由已经成为殖民地精英的定居白人克里奥尔所主导的、典型的"克里奥尔革命"，开启了此后相继发生的拉丁美洲各国独立运动的先例。然而，七年战争之后，整个美洲（新世界）范围内的英属殖民地多达 30 个，其中却只有组成美利坚合众国的北美 13 个殖民地获得了政治上的独立，英属西印度群岛上的各殖民地依旧停留在了英帝国的框架之内。那么，除了这 13 个殖民地之外，其余的殖民地为什么没有发生反对"英国化"的政治独立运动呢？

正如川北稔所认为的那样，要回答这个问题，就必须考虑各殖民地的经济结构和当地的人口结构，尤其是主打出口商品的有无和定居者离地化（回母国）的可能性问题。

[63]北美新英格兰的北部殖民地没有自己主打的出口商品。在英国政府的倡导下，北部殖民地人从事木材、焦油渣、煤焦油等造船材料的生产，在促进了当地的造船业和航海业发展的同时，也与英国本土相关产业形成了竞争之势。对英国本土来说，北部殖民地是成为竞争对手的"危险的殖民地"。

相比较而言，南部的烟草殖民地拥有烟草、靛蓝、棉花等主打出口商品，西印度群岛则拥有甘蔗这一世界商品。各地区尽管存在着规模上的大小不同，但是都盛行种植园经济。在这些地区，社会呈现出两极分化的状态：一极是少数富裕的白人种植园主，另一极是被强制劳动的白人契约雇工和来自非洲的黑人奴隶。另外，从人口结构方面来看，在西印度群岛的甘蔗殖民地，其居民是由极少数白人统治者和绝大多数黑奴或者混血人所组成的；而在烟草殖民地，虽然黑奴人口在持续增加，但是以契约雇工为主体的白人数量依然超过了半数。

然而，在烟草和蔗糖之间，同样作为世界商品，却存在着本质性差异。

英属西印度群岛生产的蔗糖，其半数以上都是供英国国内消费的帝国境内商品。它受惠于英国政府对外国蔗糖征收保护关税的政策，与法属西印度群岛和葡属巴西所生产的蔗糖相比价格非常高昂，因而除了本国之外根本无法开拓海外市场，国际竞争力极其低下。随着蔗糖生产垄断化进程的加速，甘蔗种植园主的富裕程度远远超过了北美烟草殖民地的白人。这些大获成功的种植园主们，往往都举家返回英国本土，进而跻身于英国政界，形成西印度群岛派，作为一个强势集团发挥着左右帝国政策的作用。与此同时，他们越来越忽视在当地的投资，从而造成了开发迟滞的局面。 [64]

另一方面，北美南部生产的烟草却是具有绝对优势的国际竞争力的世界商品，经由格拉斯哥以及伦敦转口销往欧洲各国。如前所述，在烟草殖民地形成了一个富有的种植园主阶层（烟草贵族），有力地推动了当地生活方式的英国化进程。然而，作为这一趋势的结果，他们对于英国本土商人的负债规模也迅速地增大，导致了他们对母国的不满情绪日益加剧。英国的重商主义政策，对于需要保护的甘蔗种植园主来说是不可或缺的；但是对于烟草殖民地来说，却成了制约发展的重要因素。

英属西印度群岛殖民地和北美南部殖民地，尽管都拥有自己的主打出口商品，却由于各自主打出口商品的性质及其在世界市场上的竞争力的差异，导致了各自对英国本土的依赖程度和经济发展道路的不同。

海地革命的爆发

1791 年 8 月，在法属西印度群岛的中心地带——圣多明各岛爆发了黑奴大起义，继而黑人共和国于 1804 年宣告成立。海地革命进一步扩大了上述两者之间的差异，也决定了双方在政治自立方面不同的发展方向。

黑人奴隶的大起义和欧洲本土的法国大革命战争的爆发，招来 [65]

了英国和西班牙的军事干涉。1793 年 5 月，英国军队进攻马提尼克岛，同年 9 月占领了圣多明各岛的西南部地区。英国的这次军事行动有两大目的：一是夺取号称法国殖民地的经济中心，在蔗糖生产中排在首位的种植基地；二是防止黑奴大起义的影响波及英属西印度群岛，尤其是与其相邻的牙买加。

在"丧失殖民地的危机"的形势下，1794 年 2 月 4 日，法国国民公会通过了《废除黑人奴隶制度法案》。奴隶出身的杜桑·卢维杜尔是奴隶解放战争的先锋，在与英军作战的过程中屡建战功，1799 年被拿破仑任命为当地总督（图 5）。

[66]　　后来，拿破仑与杜桑·卢维杜尔之间产生了矛盾。1802 年 5 月，拿破仑恢复了黑奴制度和奴隶贸易。为了抵制拿破仑的这种反动政策，杜桑·卢维杜尔在圣多明各岛再次举起了武装斗争的大旗。黑

图5　杜桑·卢维杜尔(1743—1803 年)
海地独立运动的领袖，因反对拿破仑企图恢复黑人奴隶制度而被捕

人革命军展开了积极的游击战争，最终建立了海地共和国。继美利坚合众国之后，在新大陆诞生了第二个共和国。

　　海地革命对英属西印度群岛的甘蔗殖民地产生了巨大的冲击。如前所述，在西印度群岛上黑奴和混血人占据了人口的多数，为了维护白人种植园主在政治上和经济上的统治地位，英国政府只能依靠重商主义保护政策和军事力量（海军）。因此，在西印度群岛殖民地，如果想要避免发生法属海地那样的黑人革命，就不能有类似于在北美殖民地所发生的像美利坚合众国那样的，由克里奥尔革命所主导的脱离母国的政治独立运动。在13个殖民地之外，即使从人口结构这一点来看，也没有发生反英国化运动；19世纪以后，其余大多数英属殖民地也都留在了帝国的框架之内。

4. 东印度公司与亚洲贸易

亚洲的物产与东印度公司

　　以环大西洋经济圈为中心而形成的英国重商主义帝国的发展，与以英国东印度公司为中心通过亚洲物产的进口而展开的亚洲（东亚）贸易的扩大有密切的联系。 [67]

　　对于近代早期的欧洲人来说，来自亚洲的"物"（物产）象征着"富裕的亚洲"和"贫穷的欧洲"之间的落差，因而成了人们所憧憬的对象。它们中最具代表性的"物"，就是南亚（印度）生产的棉纺织品——平纹白布和平纹细布，以及从中国进口来的茶叶、丝绸和各种陶瓷制品。作为贸易商品在其中占据重要地位的，则是南亚生产的棉纺织品。

如前所述，英国东印度公司最初成立的目的，是获取东南亚摩鹿加群岛出产的香料，由于17世纪上半叶在与荷兰人的竞争中被打败，因而不得不退出竞争。于是，他们将目光转向南亚次大陆上的孟加拉和南印度地区生产的薄型平纹白布和平纹细布。

平纹白布和平纹细布是由当地织布工纺织生产的高级棉织品，既可以用靛蓝等天然染料加工成色泽鲜艳的花布，也可以在上面印染一些独特的花纹和模样。在南亚地区，这种布料主要被用于制作高级种姓的妇女所穿着的裹身披肩和头巾，或者被用于宗教仪式上。

[68] 对于英国东印度公司来说，为了获得亚洲生产的棉织品进而筹集转向欧洲出口的货物，必须在当地与荷兰东印度公司以及法国东印度公司的竞争中处于优势地位。于是，他们或者向当地的工匠集团预支资金，或者提高产品的收购价格，甘愿让当地的生产者和工匠们处于比自己更加有利的地位上。与此同时，这些当地人利用欧洲各国公司之间的竞争关系，往往无视之前所签订的合约，在商务谈判中拥有非常强势的主动性。就这一点而言，欧洲商人显然处于"被利用"的境地。作为谈判对手，南亚当地的工匠们绝对属于"不可等闲视之"的行列。

经过1757年的普拉西战役和1764年的布克萨尔战役之后，英国东印度公司开始越来越多地干预印度的内政。1765年，他们从莫卧儿帝国皇帝手中获得了孟加拉地区的地税课税权，从此跨出了商贸公司实施领土统治的第一步。

在东印度公司的人员构成中，文官（行政官，civil servants）的地位至关重要。这种文官共分四个等级：书记、代理商、准商人和高级商人。其中担任书记的人必须有东印度公司高层大佬的推荐，同时还要缴纳相当于 500 英镑的保证金。1760 年代，文官的人数大幅度增加，1773 年竟然猛增到了 250 人。

在东印度公司的人员总数中，占比重最大的是公司军队的军人们。普拉西战役之后，随着东印度公司统治区域的不断扩大和作为统治机构的功能日益完善，公司军队的规模急剧膨胀。这支军队由白人军官和印度雇佣兵所组成，因为有志于成为军官的人数很多，所以军官人数增加迅速。1763 年为 114 人，1769 年增长为 500 人，1784 年竟然达到了 1 069 人。

[69]

文官和军官的录用都必须经过东印度公司高层大佬的推荐，只要被录用进入公司就职，就能够严格地按照论资排辈的先后顺序进行升迁和加薪。在整个 18 世纪，东印度公司的文官和军人在履行本职工作的同时，私下还都经营着自己的买卖。

除了他们之外，当地还有一些被称为"自由商人"和"自由海员"的非公司职员，以及通过非法途径迁徙到孟加拉来的偷渡者。到 1756 年为止，自由商人共有 59 人，他们向东印度公司缴纳 1 000 英镑的保证金之后，获得了在当地从事贸易的许可。偷渡者的确切人数目前还无法统计，他们或者通过外国船只直接渡海而来，或者利用经由波斯湾的陆路迁徙入境，然后就在孟加拉长期居住。有学者估算，迄至 1800 年，达到了将近 1 000 人。

参与乡土贸易

从表面上看起来，东印度公司在英国与东印度之间经营印度商品的进出口贸易，特别是向欧洲市场输送印度棉布和生丝的交易方面拥有绝对的垄断权。然而，由于东印度公司的贸易垄断并没有达到全覆盖的程度，所以就为东印度公司的员工和居住在印度当地的英国自由商人（即所谓"乡土贸易商"）相继参与亚洲区域贸易提供了可能。具体说来，由于一些高级商人和商船上的船员，被允许利用商船的合法空间运送私货，并以公司货物的名义享受免除内陆关税的特权（即自由通关权），于是他们就在当地大肆采购印度物产。与此同时，他们还积极投资亚洲商人所经营的所谓沿岸贸易。这是一条以加尔各答为起点，联结亚洲各个沿海港口的贸易线，因而也被称为"乡土贸易"。在这个过程中，他们通过买卖棉花、靛蓝、香料、鸦片等等而获得了巨额利润。不久以后，来自苏格兰的商人越来越多地加入了乡土贸易商的行列之中，并且形成了诸如怡和洋行、颠地洋行和太古洋行等著名的商会组织。

这种亚洲区域贸易，与东印度公司本身所经营的"欧洲印度贸易"之间，形成了一种相辅相成的互惠关系，并逐渐地将自己的经营范围扩大到了在中国广州展开的茶叶和鸦片贸易。东印度公司以及乡土贸易商，不仅积极地与印度当地的商业资本、银行家、大贸易商开展交易活动，有时候还会向他们筹借资金。不管是东印度公司还是乡土贸易商，只有当他们与当地市场上的亚洲商人建立起相互协作的关系之后，才有可能在亚洲区域贸易中获得相应的利润。

[70]

18 世纪的英国东印度公司，并不是因获得国王特许状而享有特权的中世纪式商业垄断集团。它尽管拥有特权，却是一个推动英国商业革命和财政革命顺利进行的资本主义企业集团，也可以说就是后来许多跨国企业的先驱。

白人暴发户

从 18 世纪中叶开始，英国逐渐地确立起对印度的政治统治。在 [71] 这一过程中，有一批东印度公司的职员和军人，通过滥用各种特权而聚集了巨额财富。这些人被称为"白人暴发户"，受到了当时人们的蔑视（图 6）。

他们根本不打算在印度当地长期居住下去，却也不可能出现像西印度群岛上的甘蔗种植园主和爱尔兰地主那样的离地化倾向。另外，因为英国本土和东印度之间的贸易基本上由东印度公司垄断经

图 6　白人暴发户
用水烟袋吸烟的东印度公司文官。他们这些白人暴发户对印度当地的习惯非常感兴趣

营，所以他们在当地无论是通过合法手段（专项津贴）还是非法手段（税收收入的截留或贿赂），都获得了巨额财富（个人资产）。然而，如果他们要把这些财富带回英国去，却是要费一番周折的。

如果通过汇款的方式把个人财产带回本国，最常用的方法就是使用英国东印度公司发行的伦敦专项现金支票。这种方法有两个不利因素：一是现金支票的汇率低，导致财富缩水；二是兑换额度有限制，1773 年以后，每年的兑换额度不能超过 30 万英镑。不仅如此，其实最大的问题还是无法保证个人财产的秘密。1769 年以后，随着亚洲区域贸易的发展，他们找到了一种新的汇款方法，即先把钱款汇往中国的广州，再兑换成支票。

[72]

然而，与此相比更为重要的，是通过其他国家的东印度公司或外国商人进行汇款。首任孟加拉总督克莱夫，在任期间向国内共汇款 317 000 英镑，其中的 70% 以上（23 万英镑）是通过荷兰东印度公司的现金支票完成的。不仅如此，他们甚至还利用了当时的商业劲敌——法国东印度公司的现金支票。与美国独立战争密切相关的对法战争爆发以后，保持中立的丹麦东印度公司和葡萄牙商人也都成了被利用的对象。所有这些手段，都是以在当地向外国商人进行商业融资的方式进行的，因而后来被 1781 年法令判为非法。在重商主义贸易不断扩大的过程中，欧洲各国的东印度公司，虽然相互之间展开了激烈的竞争，却同时也发挥了帮助居住在印度的英国人向本国秘密转移个人财产的作用。从某种意义上说，欧洲各国在"亚洲海洋"范围内展开的贸易活动，处于一种既有竞争又相互依存的协调关系之中。

根据 P. J. 马歇尔的研究，在 18 世纪下半叶，通过各种途径从孟加拉汇往英国的个人资金总额，达到了约 1 800 万英镑（这一估算结果不包括东印度公司的正式贸易额）。据估计，1757 年以前的汇款总额约为 300 万英镑，而 1757—1784 年期间则为约 1 500 万英镑。每年从印度转移到英国本土来的私产平均数额约为 50 万英镑，而 1773 年牙买加岛上离地地主的收益只有 20 万英镑，两者之间的悬殊一目了然。 [73]

茶叶贸易与中国——亚洲三角贸易的形成

英国东印度公司通过向英国输送大量的亚洲物产，为英国人带来了生活方式的革命。角山荣[1]已经对此做出了详细的研究，因而在此不再赘述。

东印度公司主要的进口商品，是以印度生产的平纹白布为代表的棉纺织品。迄至 18 世纪初，它在该公司的进口总额中约占 70%。然而，到了 1760 年，茶叶的进口额跃居首位，约占进口总额的 40%，从而成为东印度公司经营亚洲贸易的主要商品。茶叶贸易之所以如此迅速地增长，是因为英国国内的消费市场对茶叶的需求急剧增加。

英国东印度公司进口的茶叶，几乎全部由中国的广州市场提供。为了能够顺利地展开与中国的贸易活动，东印度公司必须与以上所述来自英国本土的自由商人和乡土贸易商形成相互协作的关系。

1　角山荣：《茶的世界史》，中公新书，1980 年。

[75] 1784 年，英国首相小皮特为了防止茶叶走私和提高关税收入，实施了所谓的关税改革,其中就包含了大幅度降低茶叶关税的内容。于是，从广州进口的中国茶叶数量迅速增加，导致了英国对华贸易的赤字。为了抵消这种赤字和阻止本国的白银外流，东印度公司利用自己在孟加拉贩卖鸦片的垄断权，并以乡土贸易商为中介，开始向中国走私印度生产的鸦片，从而形成了联结英国、印度和中国的亚洲三角贸易的格局（图 7）。

乡土贸易商，本来就是从事亚洲域内贸易活动的。具体而言，他们从印度本地的商人手里买入印度棉布，随后运到槟城以及马六甲等东南亚地区的港口城市，与当地的马来商人和布吉斯商人进行交易，换取香辣调料和锡等面向中国的东南亚物产，然后再与来自中国本土的华人贸易商进行交易，从而获得中国的商品。与此同时，他们的经营范围也包括直接向中国广东出口印度生产的棉花。

乡土贸易商与鸦片贸易

然而，在乡土贸易商所经手的商品中，最为引人注目的就是流向中国的印度鸦片。1773 年，英国东印度公司获得了销售孟加拉鸦片的垄断权，从 1793 年开始又垄断了孟加拉的鸦片种植。在孟加拉生产的鸦片，由英国东印度公司拿到加尔各答市场上去进行竞卖，然后由乡土贸易商买入。由于英国本土生产的毛纺织品在中国市场上的销路不畅,也为了抑制因购买中国茶叶而导致的白银外流势头，

[76] 孟加拉生产的鸦片就与棉花一起成了对华贸易的主打商品。当然，为了获取东南亚的物产，鸦片也成了不可或缺的出口商品。

① 1825 年

红茶 2 934（95.2）

英 国

中 国

棉制品 822（27.0）

印 度

棉花 1 042（43.2）
鸦片 1 196（49.6）

② 1850 年

红茶 3 300（84.4）

棉制品 1 021（64.9）

英 国

中 国

棉制品 5 220（65.1）

印 度

鸦片 5 074（79.9）

③ 1880 年

红茶 8 350（70.6）

绢·生丝 2 650（22.4）
棉制品 5 267（63.0）

英 国

中 国

棉花 2 105
（7.0）
红茶 3 073（10.3）
棉制品 18 043
（59.3）

印 度

鸦片 12 293（82.9）
棉丝 1 283（8.6）

④ 1898 年

红茶 944（35.4）

绢·生丝 403（11.9）
棉制品 4 320（59.5）

英 国

中 国

红茶 5 439（18.8）
棉制品 15 535（52.3）

印 度

鸦片 5 360（42.4）
棉丝 6 603（52.0）

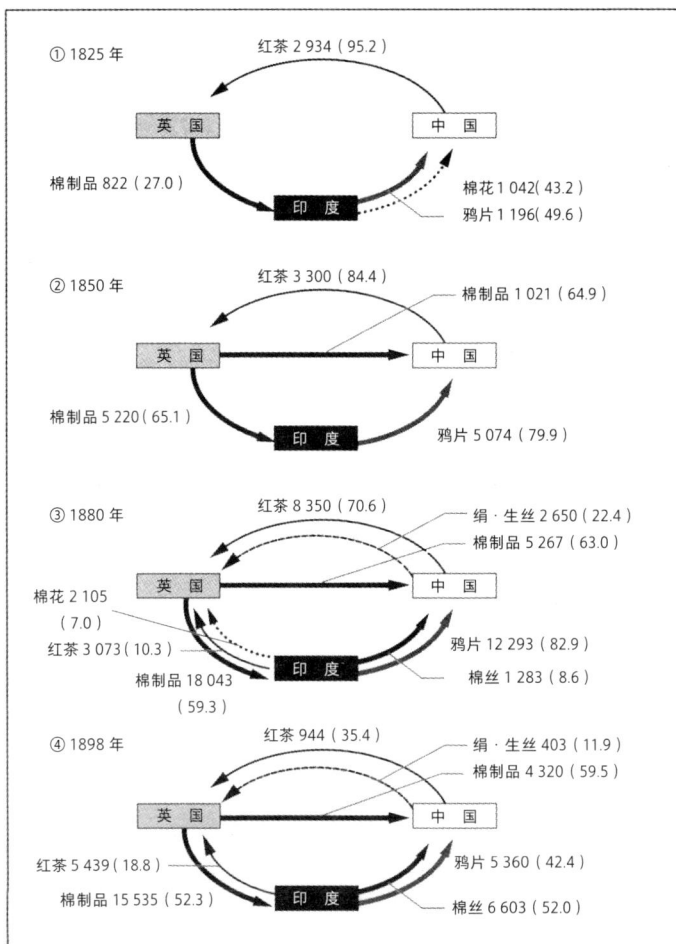

图 7　亚洲的三角贸易概念图（单位：1 000 英镑）
（　）内为占两国间输出总额的比率（%）
引自：加藤祐三著：《亚洲三角贸易的展开》（《周刊朝日百科·世界历史 87》），朝日新闻社，
1990 年

中国政府对鸦片的销售有严格的限制。不仅交易场所只限于广州港一地，而且从 18 世纪末开始严格地控制鸦片流入中国内地。对英国东印度公司来说，继续公开地向中国出口鸦片变得十分困难。于是，东印度公司就利用乡土贸易商的自由身份这一便利条件，委托他们向中国出口鸦片。

恰好在同一时期，随着殖民征服战争在印度各地的相继展开，英国东印度公司的军费和行政经费不断地增加，因而陷入了财政窘境。不仅如此，为进一步扩大对华贸易所必需的投资资金的短缺，也成为一项巨大的负担。

另一方面，乡土贸易商虽然在广州的交易中获得了巨大的利益（白银），但是在东印度公司垄断贸易权的体制之下，不允许他们直接把中国茶叶出口到英国本土去，同时也难以确保他们能够顺利地获得其他产生巨额利润的中国物产。于是，这些乡土贸易商采取了与上述白人暴发户一样的汇款途径，即先在广东购买英国东印度公司的现金支票，再到英国和印度去兑换现金。东印度公司本身则把乡土贸易商向广州的公司财务部缴纳的银圆作为本金，有效地进行投资分配，从而能够不断地获得茶叶等中国物产。

[77]　　对于东印度公司来说，销售公司的现金支票已经成为一种不可或缺的筹集投资资金的手段。仅以 1787 年为例，公司在中国的投资总额中有 53% 是由乡土贸易商提供的。

从 18 世纪末开始，寄往伦敦的汇款业务成了英国东印度公司的头等大事。为了偿付公司的债务（支付养老金和工资、购买原材料），以及向股东配发红利，东印度公司每年需要支出 300 万—400 万英镑。

与此同时，为了结清个人汇款（50 万—150 万英镑），以及海上运输费、保险费和金融服务费等"无形进口"（invisible imports）的费用，更加需要确保相当数额的资金。因此，不仅要进一步扩大印度产品（平纹细布和平纹白布等棉纺织品）向英国本土的出口规模，而且还必须要继续扩大鸦片向亚洲其他地区（东南亚、中国）的出口规模。在对华贸易中与乡土贸易商之间紧密的分工协作，已经成为关系到英国东印度公司能否继续存在下去的关键因素。

然而，随着东印度公司逐渐地取代英国政府而转化成为统治印度的行政机构，商业活动与征税、向本土的汇款业务之间的界限更加模糊，行政与商贸的一体化程度越来越高，曾经在东亚贸易中建立起密切协作关系的东印度公司与乡土贸易商之间也出现了利害冲突。在这种利益纷争中，独立以后的美国商人涉足中国茶叶贸易，可以说发挥了催化剂的作用。

美国商人最初与英国东印度公司一样，在广东直接用白银换取[78]中国茶叶，后来也逐渐地通过寄往伦敦的现金支票（即美国支票）来结算。这种方式之所以可行，就是因为随着工业革命的进一步展开，英国国内对美国棉花的需求迅速增加，从而使得美国商人能够以对英棉花出口的债权为担保，签发寄往伦敦的现金支票。当然，他们并不是把这种美国支票直接寄往伦敦进行结算，而是把它们带到广州去用来购买中国茶叶。

英籍白人乡土贸易商用贩卖鸦片获得的白银购买美国支票，或者寄往英国本土，或者再到孟加拉以外的地方去重新购买鸦片。这样一来，乡土贸易商就能够确保新的汇款结算手段，而不用继续依赖东印度公司的支票汇款了。

东印度公司垄断范围之外的非孟加拉地区生产的鸦片，特别是地处内陆的拉贾斯坦所属马尔瓦利地区生产的鸦片，从 18 世纪末开始可以直接从孟买港出口销往中国。孟买当地有实力的商人集团——帕尔西商人也参与了孟买港的对华鸦片出口贸易，从中获得了丰厚的利润。后来，矛头直指英国东印度公司贸易垄断地位的批判声，以及转而要求"自由贸易"的呼声不断高涨，其实就是这些乡土贸易商和亚洲商人集团谋求自立及其独自的经济利益的具体反映。

[79]

5. 英国工业革命的历史起源与帝国

英国真的发生过工业革命吗？

18 世纪末的英国工业革命，历来被学术界视为历史的转折点。我们在这里将以上述关于英帝国内外状况的考察为前提，从全球化的视野出发，重新思考一下它的历史起源问题。就结论而言，英国的工业革命与英国对亚洲贸易规模的扩大，以及帝国势力的扩张有密切的关联。

一般认为，18 世纪下半叶的英国，在世界范围内第一次完成了从农业社会向工商业社会的转型，社会结构和人们的生活方式都发生了巨大的变化。这种社会经济结构的巨大变化就被称为"工业革命"。作为世界上第一次出现的一种社会历史现象，用英语来称呼的时候，一般都被冠以定冠词"the"，即"the Industrial Revolution"。然而，近年来在英国经济史研究领域里，越来越多的学者倾向于对工业革命持否定态度。

　　在对工业革命持否定态度的学者中，英国华威大学的 N. 克拉福茨最具影响力，他的《工业革命时期英国的经济增长》（*British Economic Growth during the Industrial Revolution*, Clarendon Press, 1985）一书也成了这种观点的代表作。克拉福茨认为：从 18 世纪下半叶到 19 世纪初，英国的经济虽然呈现出长期增长的态势，但是增长的速度却十分缓慢。在他看来，1780—1830 年期间（即人们一般所认定的"工业革命时代"）的全要素生产率（total factor productivity）仅仅停留在每年不到 1% 的水平上，英国经济并没有出现戏剧性的快速增长，而且主要的支柱产业依然由手工业所维持，因而整个生产率的提高是缓慢而渐进的。 [80]

　　自 20 世纪初的经济学家 A. 汤因比以来，"工业革命＝一次社会大变革"的说法已经成为公认的定论。现如今，由于克拉福茨使用了最流行的计量经济史的方法，使得他的这一研究具备了可靠的实证性，因而在英国国内的经济史学界得到了很多学者的响应，大家对以前的定论纷纷表示否定。直到今天，虽然还有学者质疑克拉福茨的观点，但是将工业革命视为一种渐进过程的看法依然得到了越来越多的支持，这一基本趋势并没有改变。

　　那么，真的就像英国学者们在实证性经济数据的支撑下所主张的那样，可以将"工业革命"这一概念本身从历史研究中抹掉吗？从世界史（全球史）的立场出发，答案绝对是否定的。之所以回答得如此果断，就是因为从它的历史起源和它对后世的影响这两方面来看，英国工业革命具有超越英国一国范围的联系性和影响力，绝不是仅限于英国一国的历史事件。

从近代早期以来，英国的主打出口商品一直是毛纺织品。然而，到了 18 世纪下半叶，却是在棉纺织行业里相继出现了技术革新，进而引发了工业革命。这究竟是什么原因？要想回答这个问题，我们有必要重新回顾一下当时英国的国际商业状况及其与帝国之间的关系。

[81]

关于"威廉姆斯命题"的再思考

本书第一章第 2 节中曾经介绍了英国商业革命的进展状况，我们只有以此为历史前提，才能够正确地理解 18 世纪末的英国工业革命。E. 威廉姆斯是著名的黑人历史学家，也曾经担任过加勒比海新兴独立国家——特立尼达和多巴哥共和国的第一任总理。1944 年，他在自己的《资本主义与奴隶制度》（*Capitalism and Slavery*, University of North Carolina Press）一书中提出了这样一个观点：奴隶贸易是大西洋三角贸易中不可或缺的一个环节，正是这种奴隶贸易对棉布的需求，成了英国棉纺织工业快速发展的一大契机。他这种把英国工业革命的起源归于奴隶贸易的做法，确实开辟了一种重新解释英国工业革命起源的新视角（图 8）。这个"威廉姆斯命题"当时发表的时候，在英美史学界没有引起任何反响。然而，从 1960 年代开始出现了赞同与反对两种声音的论战，甚至一直持续到今天。

1960 年代，是美国内部民权运动的高涨期，也是黑人（非裔美国人）的权利诉求在一定程度上得到国家保障的时期。另外，1960

[82]

图 8 E. 威廉姆斯（1911—1981 年），历史学家，同时作为特立尼达和多巴哥共和国的第一任总理（1962—1981 年），在加勒比海地区积极开展了第三世界外交活动

年也被称为"非洲年"，因为这一年新诞生了很多独立国家。这样的政治形势唤起了人们对沦为殖民地以前的非洲历史的兴趣，也提供了从历史的角度重新审视奴隶贸易的契机。

作为"威廉姆斯命题"的基本观点，大致可以归纳如下：奴隶贸易和奴隶制度直接地或间接地参与了英国工业革命的过程，工业革命促成工业资本确立之后，反过来，到了 19 世纪，却又因为它的收益率低下而导致了废除奴隶贸易和奴隶制度这一后果。关于 19 世纪废除奴隶贸易的问题，我们将在第二章里集中讨论。至于奴隶贸易究竟在多大程度上获利？究竟对当时英国经济的发展做出了多大的贡献？这些有关奴隶贸易的利润问题倒是引起了学界的论争。

威廉姆斯本人始终强调奴隶贸易所带来的高额利润。他认为：18 世纪上半叶，许多进出利物浦的奴隶贸易船的利润率都超过了 100%，有的时候甚至达到 300%。与此相反，S. L. 恩格曼的结论可以说是针锋相对。他反驳道：奴隶贸易对 18 世纪英国 GDP 的贡献，充其量就是 0.5% 左右；即使在资本积累方面，奴隶贸易的利润所占比例也只停留在 5% 左右的水平上；可见，奴隶贸易的贡献是不大的。另外，R. 安斯提也对威廉姆斯的观点进行了批判。他指出：1761—1807 年间，奴隶贸易的平均利润率是 9.5%，对资本积累的贡献只有 0.11%，所谓奴隶贸易对工业革命发挥了决定性作用的说法，仅仅只是一个神话而已。

[83]

作为上述一系列针对"威廉姆斯命题"的批判和修正观点相继出笼的学术背景：一是 1970 年代以来，以使用电子计算机为前提的计量经济史研究的展开；二是学者们对被跨越大西洋贩卖到美洲去的奴隶人数（即作为商品的出口人数）所做的精确统计。研究方法越是不断地翻新，当初一些具有划时代意义的经典理论就越容易失去支撑，从而走向僵化，这就是摆在我们面前的一个具有讽刺意味的事实。

在这场论争中，人们的关注点都集中在奴隶贸易的利润规模这个问题上，其他诸如奴隶贸易为什么会长期存在？通过奴隶贸易所实现的"物"的转移是怎样改变南北美洲和非洲，乃至于欧洲的生活方式的？这些许多问题都没有引起足够的重视。至于英国本土的情况，正如川北稔所指出的那样，西印度群岛甘蔗殖民地上的奴隶制种植园，为英国提供了生活日用品的消费市场、棉花等原材料，以及作为基础食品的蔗糖，既为英国的工业化贡献了一部分资金，同时也为姑息和保存英国上流社会的"绅士化"性格发挥了"安全阀"的作用。

时至今日，我们重新提起威廉姆斯的这个命题，并不是为了追究英国和非洲之间，或者非洲和西印度群岛之间的孰是孰非，而是为了以更加宽泛的视野，在全球化的联系中来思考两国之间或者两大地区之间的关系及其历史意义。

作为亚洲物产的进口替代工业化的工业革命

[84]

18 世纪下半叶，以非英国产的棉花作为原料，以棉纺织行业为中心，相继展开了一系列的技术革新，这就是工业革命，也就是所谓的"进口替代工业化"（import substitution industrialization）的尝试。具体过程大致如下：东印度公司从印度大量地进口平纹白布和平纹细布等棉纺织品，然后把它们转换成为在英国生产的商品（即"国产化"），反过来再把它们出口到环大西洋各地区以及亚洲各国去。

我们在本章第 1 节中也曾经提到过，从 17 世纪下半叶到 18 世纪初，东印度地区生产的棉纺织品已经成为广受普通民众欢迎的热门商品。由于这样的商品取向对英国本土原有的丝织品和毛纺织品的生产者们构成了极大的威胁，因而从 17 世纪末开始引发了所谓"平纹布论争"。

1700 年颁布的《禁止进口平纹布法案》和 1720 年颁布的《禁止使用平纹布法案》，就是这种纷争的结果。然而，禁止平纹布进口的法案，实际上只禁止染色平纹布的进口，为了兼顾英国国内开始兴起的印染行业的利益，未染色的棉布可以继续进口，因而基本上没有产生什么效果。另外，禁止平纹布使用的法案也是同样命运。由于"平纹布"（calico）和"棉布"（cotton）这两个词语的意思有点模糊，因而当时开始在英国国内生产的"类棉品"（即混纺布，由棉花和亚麻混纺而成）的生产和消费是合法的。最终，关于平纹布的这两项禁令由于缺乏有效性，因而东印度生产的棉纺织品继续受到了广泛的好评。

　　然而，对于东印度地区生产的棉纺织品来说，与英国国内市场同等重要的出路，是面向西非地区的转口贸易。根据 18 世纪航海法体制的规定，殖民地相互之间的直接交易是被禁止的。于是，从东印度地区向西非地区的货物出口，不得不以转口交易的形式，经由伦敦港进行转运。

　　在西非地区，东印度生产的棉布与非洲奴隶进行交换。M. 约翰逊在对 1699—1808 年间英国的贸易统计数据进行详细研究之后指出：在对西非的贸易中，东印度地区生产的棉布占出口商品的首位；在 18 世纪中叶，它的所占比例上升到了全部出口额的 30% 左右。一般说来，在同一时期法国对西非的贸易中也出现了同样的趋势，东印度地区生产的棉布，约占法国出口西非商品总量的 40%。

　　这样一来，以东印度生产的棉布为代表的亚洲物产，在大西洋三角贸易，特别是奴隶贸易中，成为获取或购买非洲奴隶过程中具有绝对重要意义的转口交易的商品。

　　J. 伊尼克里是活跃在英美学术界的黑人历史学家，2002 年，他出版了《非洲人与英国工业革命》（*Africans and the Industrial Revolution in England*）一书，在充分地吸收了威廉姆斯的研究成果的基础上，进一步明确提出了自己的观点。在他看来，英国之所以能够完成工业革命，大西洋商业规模的扩大发挥了决定性的作用，

非洲大陆当地的非洲人和被强制押送到南北美洲大陆，并定居在那里的非洲人充当了中流砥柱。具体而言，在 1800 年，非洲裔人口在英属西印度群岛总人口中所占比例为 92.8%（835 500 人）；在北美

洲南部殖民地人口中的所占比例，独立以前（1750 年）为 40.5%
（210 400 人），独立以后为 35%—37%（1800 年为 35.3%，906 000
人；1850 年为 37.1%，3 608 500 人）。

　　伊尼克里认为，非洲劳动力的存在对环大西洋经济圈的形成做
出了巨大的贡献，它的基础就是大西洋奴隶贸易的展开。伊尼克里
的研究虽然遭到了不少批判和反驳，但是至少在时隔 60 年之后，它
重新肯定了威廉姆斯研究的学术价值。

　　现如今，如果从地球规模的贸易网络的构建和"人"的流动这
一全球史的视角来考量的话，围绕英国工业革命而提出的"威廉姆
斯命题"依然没有过时。近年来，日本学术界也有学者开始运用实
证性研究手段，对大西洋贸易与亚洲贸易（东印度贸易）进行综合
考察，进而确定它们在世界历史上的意义。

　　另一方面，如果我们将英国工业革命认定为东印度地区所产棉
布（同属向西非地区转口的亚洲物产）的进口替代工业化，那么威 [87]
廉姆斯的研究，就可以说是 1960 年代出笼的"从属理论"（即认为
先进国家的经济发展与第三世界国家的经济迟滞就像同一枚硬币的
两面，是同时并行的现象），以及 1970 年代由美国历史社会学家
I. 沃勒斯坦所倡导的"世界体系理论"（即认为世界经济可以从"中
心""半边缘"和"边缘"这三层结构上进行分析）的先驱，理应
获得高度评价。与此同时，在关于工业革命和环大西洋经济圈的形
成问题上，如何从亚洲的立场出发进行重新评价，也已经被提上议
事日程了。

第二章 自由贸易帝国与『英国的和平』

1. 旧殖民体制的解体

法国大革命和拿破仑战争的冲击

在 18—19 世纪的过渡时期，英国的海外扩张和帝国的形成（殖民帝国）面临着新的挑战与危机，这就是法国大革命和旷日持久的拿破仑战争。这场战争从 1793 年爆发，一直持续到 1815 年维也纳会议，是英国在全世界范围内与法国进行的战争。

在对 18 世纪英帝国史所作的解释中，曾经出现过这样的观点：以第一章中叙述过的美国独立战争所造成的领土丢失为契机，此时的英帝国完成了从重商主义和保护主义型"第一帝国"（以环大西洋世界为中心），向自由贸易型"第二帝国"（以东印度即亚洲世界为中心）的转型。这种关于帝国转型的分期方法，因为与关于英国工业革命的起源和展开的分期相吻合，所以受到了广泛的赞同。 [90]

然而，针对这种通行的观点，近年来越来越多的学者不再继续将 18 世纪下半叶到 19 世纪初这一时期视为两个帝国之间的"断层"或"变化带"，而是强调新旧两个帝国在这一时期的"共存"状态。

正如我们在第一章中叙述的那样，18 世纪末，英国的政治体制和社会结构处于一种寡头统治状态；大土地所有者（地主和土地贵族）与一部分海外贸易商以及金融家（即所谓绅士阶层）互相联手，垄断了政治权力；大部分民众被排除在政治权力之外，一部分绅士及其同盟者（所谓的疑似绅士）享受着种种特权。正因为如此，标榜"自由""平等""博爱"的法国大革命带来了巨大的冲击，以至于英国传统的统治阶级十分害怕大革命的影响波及本国。为了应对法国大革命的激进化势头，英国政府于 1793 年组织了第一次反法同盟，采取军事手段与革命势力进行对抗。

就英国政府而言，在与法国革命政权进行对峙的背后，与爱尔兰的关系是一个重要的因素。17 世纪的英国革命时期，英国政府在爱尔兰对土地进行了重新分配，确立了新教徒的优势地位，从而把爱尔兰变成了事实上的殖民地。爱尔兰的离地地主，与那些从印度回国的白人暴发户以及西印度群岛的甘蔗种植园主一起，成了 18 世纪统治英国社会的绅士阶层中的一员。

[91]

然而，在 1780 年代初期，当地的爱尔兰议会在一定程度上恢复了立法的独立性，随即表现出了自立倾向。法国大革命爆发以后，为了谋求爱尔兰的民主化，革命组织"爱尔兰人联合会"发动了反英起义，法国革命政府也表现出了坚决支持的姿态。

在这样的危机状态下，英国政府决定从国家体制上把英国和爱尔兰合并为一个国家。具体过程如下：1800 年，英国议会通过了一个法案，决定把爱尔兰议会与本国议会进行合并（实际上就是并入）；1801 年 1 月，宣告了"联合王国"（The United Kingdom）的成立，允许爱尔兰选送 100 名众议员进入伦敦的议会（议员核定人数为558 名）。通过这种议会联合的方式，爱尔兰既是事实上的殖民地，又享有向英国议会选送代表的权利，成了所谓"被编入国内的殖民地"（国内殖民地）。

虽然与法国的战争呈现出断断续续的持久状态，但是英国的基本战略却是延续了 17 世纪以来的既定模式，即以强大的海军力量（皇家海军）为后盾确保制海权，进而以此为基础维持和扩大海外殖民地。具体做法如下：把在欧洲大陆上的战争委托给自己的各同盟国（普鲁士和俄罗斯等陆军强国），英国自己则把军事力量投入到保障联结不列颠岛和海外殖民地的海上交通线（Sealane）的安全之中，特别是联结东印度地区的海路安全。

1799 年 8 月，英国海军在埃及的阿布基尔湾海战中大败拿破仑[92]的埃及远征军，粉碎了法国"征服东方的野心"。1805 年 10 月，纳尔逊又在直布罗陀海峡附近的特拉法尔加海战中，打败了法国和西班牙的联合舰队。纳尔逊本人在战斗中阵亡，被推崇为英国的民族英雄。通过这场海战的胜利而确立起来的英国海上霸权，一直持续到 20 世纪初，在长达 1 个世纪的岁月里从来没有动摇过。

另外，在拿破仑战争中，英国还占领了位于非洲大陆南端的要塞——荷属开普殖民地，从而确保了经由大西洋和印度洋直达东印度的海路通道畅通。可以这样说，强大的海军力量是维持英国 19 世纪世界霸权地位最重要的手段。

禁止奴隶贸易与废除奴隶制度

在法国大革命期间，1791 年法属圣多明各岛爆发了黑人革命，黑人国家海地获得了事实上的独立（1804 年正式宣告独立）。这一事件给西印度群岛和拉丁美洲各地的克里奥尔人带来了巨大的冲击（参见本书第一章）。

这是一个工业革命与法国大革命同步展开，并出现过多次反法同盟的时代，同时这也是一个在英国本土和环大西洋地区内、各种基于宗教热情的改革运动此起彼伏的年代。

[93] 　除了国内的济贫措施以及大众教育等问题之外，越来越引起英国政府关注的严重问题，就是英吉利殖民帝国范围内（特别是西印度群岛上）的奴隶贸易和奴隶制度。本来，英国的贵格会教徒和国教会内部的改革派——克拉帕姆教派，从宗教和人道的立场出发，一直反对奴隶制度和奴隶贸易。在法国大革命爆发前夜的 1787 年，身为福音主义运动的领袖和下院议员的 W. 威伯福斯等人，创立了废除奴隶贸易协会。

除了要承受来自人道主义的对奴隶劳动的残酷性的批判以外，处于 18—19 新旧世纪交替时期的西印度群岛甘蔗种植园，还面临着经济上的困难局面。在英国政府庇护下的英属西印度群岛所生产的蔗糖，由于与法国蔗糖相比价格偏高，因而失去了国际竞争力。在法国大革命和拿破仑战争期间，英国军队曾经一度占领了作为法属西印度群岛甘蔗殖民地的马提尼克岛和瓜德罗普岛（战后返还法国）。这些法属殖民地的生产效率很高，使得英属殖民地感到了威胁。

工业革命以后，东印度公司从中国进口的茶叶与来自加勒比海甘蔗殖民地的蔗糖组合而成的"蔗糖红茶"，成为英国本土劳动者早餐中不可或缺的饮料。这样一来，海外食品（嗜好品）的大量进口和消费，使得一般民众的生活方式发生了巨大的变化（生活革命）。

为了维持这种生活方式，必须进口更大量的廉价蔗糖。即使从经济 [94]
的角度上来看，处于重商主义保护伞之下的甘蔗殖民地，也已经逐
渐成为英国经济的沉重负担。

在这种形势不断变化的过程中，1807 年，英国政府首先废除了
奴隶贸易；然后根据 1833 年法案，在英帝国内部废除了奴隶制度；
紧接着，1834 年和 1835 年，又先后在英属西印度群岛和印度洋上
的毛里求斯岛废除了奴隶制度。

随着奴隶制度的废除，甘蔗种植园的经营者所受到的影响最为
明显。虽然他们获得了一定金额的补偿金，但是奴隶制度被废除以
后，他们所面临的最大挑战是如何确保劳动力的问题。虽然有一部
分来自葡萄牙和中国的移民充当了替代劳动力，但是最终契约移民
雇工成了甘蔗栽培作业的主要劳动力，他们来自同属英国殖民地的
印度。

所谓契约移民雇工，就是先从雇主那里预支路费和生活费，然
后约定在一定的期限内（3 年或者 5 年）为雇主工作的劳动者。在
北美洲的烟草殖民地，相对于白人雇工而言，从 18 世纪起就开始雇
用这种契约移民雇工了。他们基本上是一群非自由雇工，与来自欧
洲的自由移民的境况大相径庭。从 1830 年代到 20 世纪初，各个英
属殖民地都出现了印度契约移民雇工的身影：毛里求斯有 45 万人，
马来亚有 25 万人，英属圭亚那有 24 万人，特立尼达有 144 000 人，
南非的纳塔尔有 15 万人，太平洋上的斐济有 6 万人。另外，如果算 [95]
上法属殖民地以及荷属圭亚那（现在的苏里南），约有 160 万印度
人成为契约移民雇工。

然而，在英属殖民地废除奴隶制度的措施，说到底也只限于英属领地范围之内。英帝国领土以外的美国南部地区，巴西以及古巴的奴隶制度，一直持续到 19 世纪下半叶，在以英国为中心的自由贸易体制下，继续维持着廉价蔗糖和棉花的生产。

废除东印度公司的特权

即使到了 18 世纪末，英国向亚洲地区的渗透规模仍在继续扩大。1786 年，以乡土贸易商为中心的英国势力占领了槟城，从而获得了确保东南亚物产的贸易据点。

进入 18 世纪下半叶以后，英国东印度公司逐渐地转化为英国在印度的统治机构，商业活动与征税以及向本国的汇款业务都混杂在了一起。随着这种功能一体化倾向的日趋严重，各种失当行为也越来越多地引起了社会的关注。于是，英国议会分别于 1773 年和 1784 年通过了《诺斯的印度规管法案》和《皮特的印度法案》，强化了英国政府对东印度公司的监管和介入。

[96] 1784 年，英国的皮特内阁为了防止商品走私和增加关税收入，实行了包括大幅度降低本国茶叶关税措施在内的关税改革。这样一来，发自广州的中国茶叶进口量迅速增加，英国的对华贸易变成了赤字。与此同时，东印度公司统辖之下的印度财政收入增加到了每年 1 800 万英镑，相当于英国本土常年岁收的 1/3 左右，与中国的贸易则为他们提供了每年向英国汇款 500 万英镑的能力。东印度公司军队中的军官职位，为英国本土的中产阶层人士提供了提升社会地位的机会。于是，无论是从财政、经济和军事方面来看，还是从

社会生活方面来看，东印度公司统治下的印度在英吉利殖民帝国内部的地位显得越来越重要。

然而，东印度公司所获得的特许状，每隔20年就必须更新一次。正如我们在第一章中介绍过的那样，为了在亚洲域内贸易中获得利润，就必须与来自苏格兰的乡土贸易商以及亚洲当地的商人进行合作。就东印度公司而言，作为贸易公司的核心业务，是经营英国本土与东印度地区（印度和中国）之间的贸易活动，而且在特许状的庇护下享有绝对的垄断权。正因为这样，对于那些作为印度棉布的"进口替代产业"而发展起来的英国本土（以曼彻斯特为中心）的棉纱和棉布的生产商（棉纺织业资本）来说，东印度公司的贸易垄断妨碍了他们在亚洲开辟和确保新出口市场的活动。

因此，他们这些本土的棉纺织业资本集团，要求对东印度贸易实行自由化的愿望越来越强烈。与东印度公司利益相关的集团希望维持现状，本土的棉纺织业资本集团要求实现自由贸易，就在这两大阵营龃龉不断的过程中，1813年东印度公司垄断印度贸易的特权被宣布废除，1833年仅剩的对华贸易的垄断权也被废除。 [97]

学术界历来认为，新兴的本土棉纺织业资本集团的主要目标，是继续开拓棉纺织品的市场；曼彻斯特商会集中代表了他们的利益，上述废除东印度公司贸易垄断权的措施，实际上就是曼彻斯特商会开展反对运动和施加政治压力的结果。

然而，英国政府在拿破仑战争期间的1813年所实行的贸易自由化政策，原本是为了促进印度商品流向英国本土市场的战时措施，反映了伦敦商人集团的意志，因为当时他们掌握着超越东印度公司管辖领域的通商利益。另外，在 1829 年的经济危机中蒙受了巨大损失的印度当地的经营代理商（agency houses），为了确保汇往伦敦的资金，同时也为了扩大印度棉纺织品和鸦片的出口市场，因而强烈地要求开放对华贸易。1833 年废除东印度公司对华贸易垄断特权的措施，就是在他们的压力下实现的。

如此看来，东印度公司的贸易垄断特权之所以被废除，与其说是因为英国本土的曼彻斯特棉纺织工业资本施加了政治压力，倒不如说是它强烈地反映了以伦敦金融城为核心的通商服务行业，以及在印度当地从事亚洲区域贸易的乡土贸易商所代表的英国商业资本的利益诉求。在东印度方面，除了扩大以鸦片为代表的亚洲区域贸易之外，也废除了重商主义的限制。

[98]　法国大革命和拿破仑战争的战火同样也烧到了东南亚，对欧洲各国的势力扩张产生了影响。纵观整个 18 世纪，荷兰东印度公司在经营亚洲商品的进口方面，始终是英国东印度公司强有力的竞争对手，此时却因为荷兰被拿破仑军队占领以及荷属东印度殖民地经营的失败，不得不在 1799 年被迫解散。

S. 莱佛士曾经是英国东印度公司的职员，1811 年，他率军队远征荷属东印度，并且占领了爪哇岛。只是后来根据维也纳会议的决定，爪哇岛又被归还给了荷兰。1819 年，莱佛士从柔佛王国的国王手里买下了新加坡岛，并开始按照自由贸易港的标准对它进行全面建设，希望它成为荷兰对华贸易的据点（图 9）。1824 年 3 月，英荷两国缔结条约，规定以马六甲海峡为界，海峡以东的马来半岛为英国的势力范围，以西的苏门答腊岛为荷兰的势力范围。

图9　S. 莱佛士（1781—1826年）
新加坡自由港的奠基人。在担
任爪哇岛副总督期间，致力于
修复婆罗浮屠遗址，1817年撰
写了《爪哇的历史》一书

此后的荷兰不仅认可了英国在亚洲确立起来的自由贸易原则，
而且还作为英国的一个附属同盟者，心无旁骛地治理荷属东印度
地区。

[99]

作为不需要缴纳关税的自由贸易港，新加坡逐渐发展成为英国
在东南亚地区的通商据点和军事战略要塞。与此同时，无论是对于
在对华贸易中占据优势地位的英裔乡土贸易商来说，还是对广东省
出身的华裔商人（华商和华侨）来说，它作为联结东亚与东南亚地
区的转口贸易基地，也具有非常重要的价值。

《航海法案》的废除与自由贸易

英国贸易政策的转变，是在托利党自由派（自由托利党）的领
导下，从1820年代开始逐渐完成的。根据1794年的《杰伊条约》
的规定，在与西印度群岛的贸易中，美国商船可以享受与英国商船
同样的权利。航海法体制因此而确认了与帝国以外地区互相联结的
重要性，展现了其灵活性的一面。

进入经济危机频发的1840年代以后，要求实现自由贸易的声势

越来越高涨，其中最高潮的事件，就是持续展开到 1846 年的 "反《谷物法》大论战"。《谷物法》制定于拿破仑战争结束后的 1815 年，目的是保护英国的农业，因而人为地限制外国小麦进入英国市场。这个法案的主要反对者，是以曼彻斯特棉纺织业资本为核心的、代表制造业利益的中产阶级，激进主义者 R. 科布登和 J. 布赖特等人组织了反《谷物法》同盟，成为反对运动的领导核心。

[100]

另一方面，英国保守党（托利党）内阁的首相 R. 皮尔充分认识到了本国制造业（特别是棉纺织工业）的重要性，希望通过从 1840 年代初期开始的财政改革，在降低关税和国内消费税的过程中逐步实现自由贸易。1845 年，在爱尔兰发生了因马铃薯歉收而引起的大饥荒，数十万人被饿死。1846 年，作为这种紧急事态下的人道救援措施，皮尔首相果断地废除了《谷物法》。

1849 年，《航海法案》被彻底废除，自由贸易体制最终被确立起来。在废除海运行业垄断经营的基础上，降低海运价格、扩大与外国和英属殖民地的贸易规模、致力于殖民地与英国本土的共存共荣，而这三条曾经是以科布登和布赖特为代表的曼彻斯特派积极呼吁的核心内容。在英国制造业具备了强大的国际竞争力的背景之下这些属于自由贸易政策的要求，同样有利于伦敦金融城的大佬们在全世界范围内展开通商和贸易的金融服务活动。于是，作为 "旧腐败"（Old Corruption）之一的旧殖民体制（保护主义）终于解体了。

拉丁美洲与"坎宁外交"

　　1820 年代，托利党自由派积极开展了针对拉丁美洲各国的自由主义外交，以及横跨大西洋的革命活动。接下来，我们介绍一下这些活动的概况。[101]

　　在拿破仑战争期间，以拿破仑占领西班牙本土为契机，西属拉丁美洲各殖民地在克里奥尔人的领导下，掀起了要求扩大自治权的运动，不久之后发展成为独立战争。由于拿破仑实行了大陆封锁政策，他们与英国结成了贸易通商关系。维也纳会议之后，即使西班牙王室恢复了对王国的统治，他们依然为争取政治独立而继续展开斗争。在克里奥尔人的领袖圣·马丁和 S. 玻利瓦尔的领导下，殖民地方面最终取得了对西班牙战争的胜利。迄至 1825 年，大部分地区都获得了独立。与此同时，在英国的帮助下，葡属巴西拥立葡萄牙王子为巴西皇帝，也于 1822 年宣告独立。

　　为了反对西班牙的反动干涉政策，1822 年出任英国外交大臣的坎宁，展开了与之针锋相对的"坎宁外交"。从客观结果来看，这个外交政策与 1823 年美国提出来的门罗主义一起，对拉丁美洲新兴国家的政治独立发挥了保障作用。与此同时，它也完全符合英国向拉丁美洲地区谋求经济渗透和商品出口市场的利益。

　　自此以后，英国不仅相继与拉美各国缔结了通商条约，而且还开始大量地把拉丁美洲出产的小麦和牛肉（阿根廷）、咖啡（巴西）以及硝石（秘鲁）等农牧业产品和矿产品引进本国市场。在自由贸易体制之下，拉美各国强化了对英国的依存关系。[103]

2. 自由贸易帝国主义与帝国的扩张

自由贸易帝国主义理论与非正式帝国

围绕着 19 世纪中叶（1850—1870 年代前半期）的英国海外扩张这一问题，自从 60 年以前有人提出了"自由贸易帝国主义"（imperialism of free trade）理论之后，各种见解之间可以说是差异明显。

一般说来，19 世纪中叶（即维多利亚女王在位的中期），是英国经济发展最为繁荣的所谓"黄金时代"。1851 年在伦敦举办的第一届世界博览会，是英国向本国国民和全世界展示自己国际地位的绝好机会。在用玻璃和钢铁建造起来的展览大厅——水晶宫里，不仅展示着英国的工业制品，也展示着来自各殖民地的丰富物产，观众在这里可以亲眼看见英帝国的伟大和富强。

[104] 曾几何时，也有人认为：19 世纪的中叶是倡导所谓"毋需殖民地论"和"舍弃殖民地论"的"小英国主义"时代。的确，科布登以及布赖特等曼彻斯特派的政治家们，曾经极力倡导自由贸易、和平主义和自由放任，主张赋予殖民地以自治权，促使殖民地从宗主国自立出来并应当让殖民地分担帝国防务的费用。

然而，现实的殖民地政策却是与他们这些曼彻斯特派的主张背道而驰的。今天的人们普遍认为：对于英国而言，19 世纪中叶就是一个帝国领土扩张和海外势力大膨胀的时代，它的势头丝毫不亚于 1880 年代以后的帝国主义时代。这种观点，就是 1953 年由 J. 加拉赫和 R. 鲁滨孙这两位英帝国史研究专家首先提出来的自由贸易帝国主义理论，它强调了英帝国海外扩张势头在 19 世纪的连续性。

自由贸易帝国主义论的主要观点可以归纳为以下四个方面，其中的第二点和第三点尤其值得注意。

第一点：否定时间上的二分法，强调了 19 世纪中叶和下半叶英帝国领土扩张的连续性。以下事实就是证明：19 世纪中叶，英国相继在新西兰、印度的周边地区以及南非获得了殖民地，并开始重新讨论让有白人定居的殖民地享有自治权的政策问题。

第二点：否定空间上的二分法，不仅指出了印度、澳大利亚以及新加坡等受到国际法认可的殖民地——所谓"正式帝国"（formal empire）的存在，也强调了像我们在前文介绍过的拉丁美洲各国以及中国和奥斯曼帝国那样，虽然在政治上是独立国家（主权国家），但是在经济上却被置于英国的绝对影响之下的所谓"非正式帝国"（informal empire）的存在。 [105]

第三点：强调海外扩张过程中的非经济因素和战略因素。在关于 19 世纪末英国之所以通过"瓜分非洲"而获得殖民地（正式帝国）的原因问题上，不仅从确保英国经济利益的视角进行了解释，而且还力求从英国国内政治家与派往当地的殖民地行政官等"政策执行者"（official mind）的外交战略和军事战略的层面上加以说明。

第四点：批判欧洲中心主义历史观，倡导"当地危机"理论和周边协调理论。在解释英帝国不断扩大的问题上，不仅着眼于英国本土方面的因素，而且注意到了英国被迫卷入帝国周边地区出现的意外纷争或者政治斗争的时候，通过与殖民地当地社会精英阶层的政治协作，从而实现了英帝国领土的扩大。

在这种自由贸易帝国主义理论中，核心议题是以曼彻斯特棉纺织业资本为中心的英国国内工业和制造业的利益，与英国海外扩张以及自由贸易政策之间的关联性。就结论而言，英国 19 世纪进行海外扩张的基本战略，就是一个原则：如果有可能的话，通过非正式统治的方式与世界各国进行贸易活动；如果有必要的话，就通过军事力量进行正式的领土兼并，再把自由贸易强制性地推广到世界各地去。

[106] 在 19 世纪中叶，英国对外政策的主要践行者，是先后担任过外交大臣和首相、积极推行"炮舰外交"以显示英帝国威望和力量的帕麦斯顿。1854—1856 年，为了阻止俄罗斯帝国的南下政策，他决定参加克里米亚战争，并通过与法国和撒丁尼亚（后来的意大利王国）的互相协作而最终赢得了战争。与此同时，他始终抱着"政府的工作就是要确保英国通商业者和制造业者的新兴市场"这一信念，积极地把自由贸易帝国主义政策推向世界各地。

这种自由贸易帝国主义理论，是一种崭新的关于英帝国扩张的解释。然而，从 1950 年代这个理论出现开始，学术界就围绕着这一解释的合理性问题展开了持久的论战。对英帝国史研究而言，所谓的"非正式帝国"这一概念究竟有多大的契合度，这就是论战中最大的争议焦点。正像人们所熟知的那样，除了在世界地图上被涂成红颜色的英国正式殖民地（即正式帝国）之外，那些作为拥有主权的国家虽然政治上独立却被置于英国经济的影响之下的各个地区（即非正式帝国），一直都被公认为英帝国史研究的对象。这样一来，英帝国所涵盖的地理范围就立刻扩大到了全球规模。

在论战中，19 世纪下半叶的英国与拉丁美洲的关系问题，尤其成为人们关注的对象。有些学者否认了英国通过炮舰外交所形成的所谓"非正式帝国"的存在，强调了巴西和阿根廷等拉美主要国家的自主性以及英国国内的实业界和政府之间的利害冲突。

后来，随着多方面史料被陆续公开，人们的研究兴趣扩展到了拉美各国的铁路建设、海外投资、个别企业的经营史以及英国的金融利益与当地政府的经济和金融政策之间的关系等方面。直至今日，依然有一部分学者以"概念不明确"为由，否认"非正式帝国"理论的合理性。不过，1998—1999 年出版的 5 卷本《牛津英帝国史》，却全面接受了非正式帝国理论，并以此来解释英帝国的盛衰过程。 [107]

接下来,我们将以强调英帝国扩张的连续性这一观点为切入口,围绕着英国的海外扩张这一主题，具体地探讨一下英属印度和加拿大联邦这两个正式帝国的不同类型，以及中国和日本这两个非正式帝国的实际状况。

异民族统治型正式殖民地——英属印度

英属印度是异民族统治型殖民地的典型，在英国的正式帝国中占据核心地位。

正像我们在第一章中介绍过的那样，1765 年，英国东印度公司在孟加拉地区获得了征收地税的权力，并逐渐地由贸易公司转变成为行政机关。印度的殖民地化，就是在东印度公司这种职能转化的过程中逐步完成的。英国东印度公司的董事会，是在英国政府的印度督察局直接领导之下对印度实行统治的。

[108]印度殖民地的政务管理由印度总督（副王）总负责，受英国政府派遣的将近 1 200 名的高级官僚集团组成所谓"高级文官"（Indian Civil Service, ICS），负责处理各种具体事务，同时也得到了当地印度人组成的下级官吏和一些精英人士的协助和辅佐。在招募高级文官方面，早在 1853 年就已经开始实行选拔考试制度，是英国文官制度的先驱者。由于高级文官的高薪待遇和良好口碑，因而在牛津大学、剑桥大学甚至公立中学的毕业生中广受欢迎。

另外，因为英国东印度公司拥有 20 多万人的专属军事力量（东印度公司军队），所以为了要增加向英国本土汇款的资金来源，就不得不积极地扩张自己的统治区域。18 世纪下半叶，英国政府为了应对时断时续的对法战争，就不断地增加军费，特别是海军的军费，以至于被称作"财政军事国家"。现在，东印度公司采取了这种以武力进行领土扩张的政策，因而也可以被称作印度版的"财政军事国家"。在 19 世纪的上半叶，南印度的迈索尔和海德拉巴、西部的旁遮普和信德（古吉拉特地区）、北部的阿瓦赫地区及其相邻的缅甸低地地区等，都相继被并入英属领地。根据 R. 鲁滨孙的说法，这样的情况就属于趁帝国周边地区出现"当地危机"而进行的领土扩张。换言之，就是派出机构在事先没有得到英国政府同意的情况下，自行介入当地的纷争并扩张自己的统治范围。

1857 年，以东印度公司军队中的印度雇佣兵为首，发动了"印度民族大起义"（印度雇佣兵叛乱）。在好不容易平定了这次叛乱之后，英国政府于 1858 年解散了东印度公司，将印度改变为国王直接管辖的殖民地，任命印度总督为印度当地的最高行政长官，直接

听命于英国内阁中的印度事务大臣。在对异民族实行直接统治的印 [109]
度，英帝国同时实施了正如自由贸易帝国主义理论所描述的那种国
家积极干预和自由放任政策。接下去，我们就解剖一个对殖民地实
行国家干预的具体事例，探讨一下印度铁路建设的情况。

印度的铁路建设——本利担保制度

1853 年，亚洲最早的一条铁路在英属印度开工铺设。它联结着
孟买与位于德干高原入口处的塔纳，虽然比 1840 年代英国国内出现
的"铁路热"晚了 10 多年，但是却比日本早了约 20 年，在非欧世
界里是史无前例的。

从此之后，印度的铁路建设可以说是持续稳步地发展。现在，
印度已经拥有大约 4 万英里（相当于 64 000 公里）的铁路线，成为
世界上屈指可数的铁路王国。那么，究竟为什么英属印度的铁路建
设会呈现出这种开工时间早、线路长度增加迅速的局面呢？

首要原因与自由贸易帝国主义政策密切相关。具体而言，作为
英国本土的消费品市场，特别是作为棉纺织品的市场，同时也作为
英国本土的粮食和原材料的供给基地，英国理所当然地要对印度进
行商业性开发。曼彻斯特的棉纺织业经营者、与英印之间的贸易业 [110]
务相关的商行和经营代理商会，以及开发和经营茶圃园的种植业者
等等，为了实现对印度内陆地区的经济渗透，都必须投资铁路建设。
尤其是与曼彻斯特棉纺织业相关的利益集团，作为美洲棉花的替代
供给基地，必须确保德干高原和西部地区古吉拉特邦棉花种植区出
产的印度棉花，因而早就积极地向当地的印度事务管理当局提出要

求，希望建设联结孟买、马德拉斯（金奈）、加尔各答这三大港口城市与印度内陆地区的铁路线。

在印度建设铁路的过程中，最大的困难是筹集建设资金，所谓"本利担保制度"（guaranteed system）的出台，就是为了解决这个难题。这是一种破格的优惠制度。它规定：为了设立铁路建设的专业公司并保证其运营顺利，英国的印度事务大臣出面担保所有投入铁路公司的资金安全及其5%的年利支付，而且不与经营业绩挂钩。1849年，虽然还处于东印度公司统治时期，在东印度公司与东印度铁路公司、大印度半岛铁路公司之间，就已经签订了包含本利保障内容的铁路线建设实验的合同。直至1870年，先后共有10家铁路公司享受了这项制度（图10）。

然而，这种本利担保制度存在着严重的缺陷。具体而言，印度事务大臣（实际上是当地的印度事务管理当局）无条件地担保对投

图10　孟买的维多利亚火车站（1888年建成的大印度半岛铁路公司的标准车站，已被列入《世界遗产名录》，是一座具有代表性的印度伊斯兰建筑，华丽壮观的程度堪与教堂相媲美）

入资本偿付 5% 的年利息，由当地印度事务管理当局出面征用铁路建设所需要的土地，而且一旦出现经营不利的状况当局还负责接收托底，这样的优惠条件必然给当地的印度财政增加了负担，同时也导致了铁路公司在铁路建设过程中无视成本核算的散漫经营。 [112]

印度铁路的路轨间距是 1 676 毫米，比英国本土的标准轨距（1 435 毫米）大了许多，因而使用了特制的宽大型车厢。因为这种模式使得铁路经营基本上陷于赤字状态，所以利息支付压力的增大直接影响着印度财政。1867 年，印度财政所负担的利息担保累计总额达到了 1 800 万英镑。于是，就出现了这样一种趋势：铁路建设的进展速度越快，财政面临破产危机的可能性就越大。为此，1869 年，印度的铁路建设改由当地印度事务管理当局直接经营，铁路轨距也换成了"米间距"模式（轨距为 1 000 毫米），因为铺设这种轨距的铁轨更加便宜。

英属印度的铁路建设之所以获得如此迅速发展的第二个原因，是维持印度国内治安以及加强英国在印度的防御战略这一政治上和军事上的需要。1857—1858 年的印度大起义，从根本上动摇了英国在印度的统治体制。在英国本土援军的强力打击下，这次叛乱虽然被镇压了下去，但是英国政府也因此而明白了一个道理：为了维持印度国内的治安和快速地运送军队，铁路建设的必要性已经毋庸置疑。另外，在 19 世纪，由于作为英帝国假想敌的俄国积极推行其南下政策，因而为了防御印度的西北边境，也急需建设一条通向联结兴都库什山脉开伯尔山口的战略要塞——白沙瓦的军事铁道线。当地印度事务管理当局的殖民地官吏以及军事人员，在维护他们共同 [113]

利益的前提下，当然也支持这条战略铁道线的建设。

伴随着铁路建设的顺利展开，印度的经济发生了巨大的变化。印度的农业因农作物的商品化而日趋商业化，土地所有关系也随之重新改组。南亚次大陆内陆地区出产的棉花、小麦、茶叶、黄麻、蓖麻和油菜籽等等，经由以孟买、马德拉斯、加尔各答、卡拉奇等港口城市为中心而联结起来的铁路网络，远销到英国本土、欧美各国以及处于世纪之交的日本等工业化步伐快速领先的各个地区。如此一来，英属印度就被全面地纳入以英国为中心的世界经济体系之中。

[114] ### 棉纺织品进口关税的调整与废除

另一方面，正如以上所介绍的那样，英国政府在印度实行积极的国家干预政策的同时，迫于曼彻斯特棉纺织业资本集团的政治压力，根据自由放任主义原则，在印度单方面降低了棉纺织品的进口关税率。

当地的印度事务管理当局，以作为印度民族大起义的结果而产生的印度财政的巨额赤字为借口，提出了要确保英属印度的关税收入和维持印度财政的收支平衡。为了重新振兴财政，1859—1860年实行了统一关税政策，针对英国本土生产的棉纱和棉布的关税率，分别从原来的 3.5% 和 5% 统一上调到了 10%。英国的印度事务部和印度事务大臣出于对印度财政的保护，也完全赞成当地印度事务管理当局的做法。

与此相应，英国本土的棉纺织业资本，在曼彻斯特商会的带领下，与利物浦东印度及中国协会等强势团体共同携手，向英国政府和印度事务管理当局提出了降低税率的要求。在曼彻斯特方面看来，印度的进口关税与自由贸易政策相悖，发挥了对印度棉纺织工业的保护关税的作用；作为殖民地的印度理应为了英国本土的经济利益而存在，为了英国的工业资本而调整关税率是理所当然的。在这种认识的指导下，他们积极主张推进以自由放任主义原则为前提的自由贸易。

进入 1862 年以后，印度财政出现了短暂的好转势头，因而当地的印度事务管理当局对曼彻斯特方面的要求做出了让步，并以印度财政预期中的 140 万英镑黑字为依据，只将棉纱和棉布的进口关税率分别降到了原来的 3.5% 和 5%。 [115]

此后，虽然曼彻斯特方面要求继续降低印度棉纺织品进口关税的呼声持续不断，但是英国政府一方面认可自由主义贸易原则，另一方面却坚持采取确保印度财政收支平衡和关税收入的基本方针。然而，鉴于印度的财政状况的持续好转，1882 年，印度总督里彭侯爵宣布全面废除棉纺织品的进口关税，英属印度也因此而彻底实现了自由贸易。后来，随着印度财政状况的恶化，为了填补巨额财政亏空，英国政府于 1894 年允许印度再次对棉纺织品统一征收 5% 的进口税。不过，两年之后的 1896 年，在曼彻斯特棉纺织业资本集团的强烈要求下，英国政府又决定相应地对印度产品征收同等税率的国内消费税。

如上所述，在 19 世纪下半叶的英属印度，围绕着棉纺织品的进口关税问题，英国政府几乎同时推行着两种政策：一是实现自由贸易的政策；二是确保印度财政岁收安定和重建印度财政的平衡，并随机调整关税率。在英属印度，与经济理论的原则相比，英国政府更加重视自身的政治利益。英国的政策执行部门和当地的印度事务管理当局，虽然在印度财政状况许可的前提下，尽可能地满足了曼彻斯特棉纺织业资本集团的要求，但是总体上还是优先考虑印度财政收支的平衡。之所以会这样，就是当地印度事务管理当局所面临的经常性财政困难局面，以及印度民族大起义之后正式展开的铁路建设，使得英国本土对印度的资本输出规模迅速增大的缘故。

[116]

当时印度财政岁出的最大项目，包括支付铁路利息、军费、印度公债利息、文官的薪水和养老金、行政费、办公用品购置费等等，这些都是在印度维持殖民统治所必需的各种经费，也被称为"内部管理费"（home charge），约占19世纪下半叶印度财政岁出的1/3。英国经济利益的重心已经从产业转到了金融服务方面。

印度帝国的建立

进入1870年代以后，英国对印度的统治政策与本土政党政治之间的互动关系变得越来越密切。在这个过程中，保守党内阁的首相B.迪斯累里发挥了决定性的作用。他空前重视从英国到印度的所谓"帝国通道"（也称"通往印度的大道"），将其视为英国的重要生命线，坚决排斥其他欧洲列强国家对这条通道的任何企图，并以此作为英国外交政策的核心。

1875年，为了抑制法国的势力，英国收买了埃及赫迪夫所拥有的苏伊士运河股份（共176 600股，占全部苏伊士运河股份的44%）。这次收买股份的行为，是议会在强行接受犹太裔金融资本——罗斯柴尔德家族 400 万英镑融资（英帝国是担保方）的前提下完成的。

　　紧接着，1876 年 3 月，英国议会制定了关于国王头衔的法案，决定把"印度女皇"（Empress of India）这一新称号授予维多利亚女王。［117］1877 年 1 月，维多利亚女王宣誓就任印度女皇，标志着作为英帝国辖内帝国的印度帝国正式成立。印度总督李顿按照莫卧儿帝国的传统礼仪，在德里举行了盛大的朝拜典礼，一方面对印度本地的社会精英进行安抚，另一方面则积极强化对印度的殖民统治。在他看来，英国君主制与印度的成功对接，显示了英帝国的一体性和伟大之处。

　　从此以后，印度帝国因为拥有独立的军事力量和巨额财政收入，而成为最大的正式殖民地，在英帝国内部也日益显示出自己的独特性。印度帝国不仅动用自己的财政力量向西边的波斯湾沿岸地区派遣常驻代表（resident），而且还把英属印度的货币——卢比变成了那里的通用货币。

　　另外，由于迪斯累里推行以重视印度利益为特点的英帝国外交方针，使得英国介入了 1877—1878 年的俄土战争，紧接着又为了抑制俄国势力的南扩而发动了第二次阿富汗战争（1878—1880 年）。于是，迪斯累里的这种冒险主义外交政策，遭到了国内反对派的猛烈批判。终于在 1880 年的议会大选中，他败给了高举和平主义大旗的自由党领袖格莱斯顿。

白人定居殖民地的自治——加拿大联邦的形成

　　与正式帝国相关联的另一项重要政策，就是向加拿大、澳大利亚、

[120]

新西兰、南非等白人定居的殖民地委让自治权。其中最具有代表性的事例，就是加拿大联邦的形成。

七年战争结束以后，根据 1763 年《巴黎和约》的规定，加拿大被纳入英帝国的版图。它由两大部分组成：一是英裔居民区"上加拿大"（安大略），二是法裔居民区"下加拿大"（魁北克）。1837 年，这两个地区以追求政治民主化为目标发动了叛乱。新任总督达勒姆伯爵亲赴实地进行调查研究，并于 1839 年向英国政府提交了《达勒姆报告》，建议英国政府同意实现上下加拿大的统一，承认殖民地的责任政府，并向殖民地政府委让内政管理权（即自治领化）。根据这份报告书的建议，1841 年上下加拿大共同组成了加拿大联合殖民地；1848 年，殖民地的责任政府获得了英国政府的正式承认。以《达勒姆报告》为契机，英帝国开始了创立自治殖民地的统治模式。

就英国政府方面而言，向殖民地的责任政府委让自治权，就意味着让加拿大当地的精英阶层分担殖民地的统治经费，尤其是殖民地的防务经费，因而可以实现"廉价的殖民统治"的目标。然而，由于殖民地的外交通商权以及广大的公有土地管理权依然归英国政府所有，所以帝国统治的最终决定权还是属于英国政府。换而言之，自治殖民地模式的创立绝不是让殖民地分离出去，仅仅只是为了保证英国本土利益而变换了一种更加省钱的统治方式而已，是完善在英国本土实行"廉价政府"的具体手段。"如果可能的话，就实行非正式统治下的贸易"，这一自由贸易帝国主义的理论在这里也同样适用。

对于加拿大而言，与南部近邻美国之间的外交关系和经济联系 [121] 十分重要。虽然加拿大与美国签订了互惠条约，并希望以此来强化 两国之间的关系，但是 1860 年代以后，随着由英国投资的铁路干线 建设的全面展开，加拿大社会中，要求实行与英国本土金融利益密 切相关的独立经济开发政策，以及建立强势的中央政府的呼声越来 越高。1867 年，英国将位于大西洋沿岸两个殖民地（诺瓦斯科舍和 新不伦瑞克）与加拿大联合殖民地合并，作为英帝国境内自治领的 加拿大联邦由此宣告正式成立。根据 1871 年英美《华盛顿条约》的 规定，新生的加拿大联邦与美国的关系得到了极大的改善，同时也 由于有了英国资本的大量投入，因而加拿大政府积极着手建造"加 拿大太平洋铁路"，加速推进横贯大陆的国家建设。

澳大利亚与新西兰

在大洋洲方面，1770 年 4 月，英国著名的探险家 J. 库克在澳大 利亚东海岸成功登陆。一方面是由于美国独立战争使得英国在北美 大陆失去了流放罪犯的殖民地，另一方面也是为了抑制法国势力向 南太平洋发展的势头。英国政府于 1786 年决定建立新南威尔士殖民 地。1788 年 1 月，第一任总督 A. 菲利普共带领约 1 200 名英国人（其 中包括 780 名流放囚徒），在悉尼湾登上了澳大利亚大陆。

在早期的殖民地社会的建设过程中，这些囚徒劳动力发挥了重 [122] 要的作用。迄至 1868 年，约有 158 000 名囚徒被遣送到了澳大利亚。 然而，这里所谓的"囚徒"都是一些人为造成的流放犯人，其中包 括贫困的农民和城市工人以及流浪者等等。在 18 世纪到 19 世纪的过渡时期，英国社会为了减轻基层社区的济贫负担，就轻易地把他们这些犯有轻微"罪行"的人发配流放到海外去。换言之，把这些人流放到澳大利亚的做法，实际上是英国政府为了解决国内棘手的社会问题而采取的一种廉价手段。

进入1820年代以后，随着羊毛产业的发展，新南威尔士逐渐地由流放囚徒的殖民地转变成为英属自治殖民地，自由移民的数量也迅速增加。在1851年发现金矿之后所引发的淘金热中，拥入澳大利亚的淘金者人数达到了100万人。根据1850年的澳大利亚殖民地政府法案，维多利亚殖民地的法律地位获得正式承认。在移民数量不断增加的背景之下，迄至1850年代末，维多利亚、塔斯马尼亚、南澳大利亚等各个殖民地，都在仿效英国在议会内阁制的基础上成立了自治政府，极大地方便了英国的统治。

在新移民中间，作为金矿开采的廉价劳动力，来自中国的"苦力"（非熟练契约雇工）也占有相当的比例。这些亚裔移民劳工拿着超低的劳动报酬，干着超时的劳动作业，后来还成了受歧视和受排斥的对象。另外，1840年，在积极主张进行殖民地改革的理论家E.威克菲尔德所谓"有组织的殖民理论"（即主张：作为应对本国社会过剩人口问题的策略而奖励向殖民地的移民行为）的影响下，根据与原住民毛利人签订的《怀唐伊条约》中的协议，成立了新西兰殖民地。

在白人向殖民地移民的过程中，澳大利亚原住民和新西兰的毛利人，或者通过合法的交涉把自己的土地让给殖民地政府，或者遭到非法侵占而被强行驱逐出自己的居住地。这些从原住民手里征收

[123]

来的土地，都被殖民地政府以低廉的价格卖给了白人移民，从而为澳大利亚和新西兰两国发展牧羊业奠定了基础。

鸦片战争与中国

在 19 世纪下半叶，中国清朝、处于幕府时代末期和明治时代初期的日本以及东亚其他地区，与拉丁美洲一样，都是典型的非正式帝国的组成部分。

从历史上看，在东亚世界一直存在并维持着一个以中国为核心的、自成一体的国际秩序。具体而言，就是从明朝继承而来的"朝贡"体系和以中国沿海为中心市场的"互市"模式。朝鲜、越南、暹罗（泰国）以及缅甸等国和琉球等地区属于朝贡方，日本和西欧各国则属于互市的对象。

在清朝政府实行的贸易管理体制中，通过互市所进行的对外贸易，仅限于广州这一个港口。英国政府为了谋求自由贸易，进一步 [124] 扩大与中国的贸易规模，于 1792—1793 年派出了特命全权大使马嘎尔尼率领的使团出访中国。没想到，清朝的乾隆皇帝明确地拒绝了英国方面提出的要求。由此可见，在 18 世纪末期的东亚国际秩序中，亚洲本身的行为准则依然处于优先的地位。

即便如此，正如我们在第一章中所叙述过的那样，在现实的贸易关系中，由于英国方面茶叶消费量的猛增，亚洲三角贸易实际上已经形成，其中特别是联结印度和中国的贸易规模呈现出迅速扩大的趋势。从另一个角度来说，英国之所以持续向中国施加压力，急于要求中国开放市场，既是出于保障英国本土制造业利益的考虑，也是为了保障印度在亚洲区域贸易中的财政黑字（只有这样才能使印度有足够的能力支付对英债务）。为了实现这个目标，英国要求扩大鸦片的出口市场，因为鸦片是印度向中国出口的大宗商品。那些大量地从事印度鸦片交易的乡土贸易商，于是就成了东亚地区自由贸易运动的急先锋。

另外，也正像我们在第一章中已经提到过的那样，在鸦片出口的贸易结算中，美国支票发挥了重要作用。伴随着工业革命的发展，英国虽然大量进口美国的棉花，但是作为支付方式的美国支票却是在广东交易的，而且最终的结算也是在伦敦金融市场上完成的。在工业革命深入发展的同时，越来越多的印度鸦片流入了中国，并随之形成了相应的鸦片贸易结算体系。

[125]清朝政府虽然把鸦片定性为违禁品，但是从 18 世纪末开始，中国境内鸦片的消费量依然逐年增加。据统计，到 1838 年的时候，鸦片的消费量已达到 400 万人份。面对鸦片走私和黑市交易所造成的危害（鸦片中毒）越来越严重，清朝政府无法继续视而不见。1839 年，清朝政府派遣精干的大臣林则徐去广州，没收并销毁了英国商人（乡土贸易商）的鸦片。作为对清朝政府这一行为的报复措施，直接引发了由外交大臣帕麦斯顿所主导的第一次鸦片战争。

1840—1842 年第一次鸦片战争的结果是《南京条约》的签订。根据这个条约的规定，清朝政府向英国割让香港岛，开辟广州、厦门、福州、宁波、上海等五港为通商口岸，支付赔偿金 2 100 万两白银。在 1843 年签订的《虎门条约》中，又追加了领事裁判权（治外法权）、在通商口岸的土地租借权、单方面最惠国待遇（即此后清朝政府与

第三国签订的条约或协定中，如果包含更加有利的条件或待遇，也将自动地适用于英国）等条款。与此同时，清朝政府与美国和法国也签订了同样的不平等条约，并在通商口岸设置了租界。位于长江支流、黄浦江畔的上海，由于怡和洋行、太古洋行等欧美洋行分支机构的纷纷设立，迅速地发展成为联结海外与中国内陆地区的港口城市。1854 年，中国方面设立了征收关税的行政机构——洋关（即在通商口岸开设的海关，由外国税务司实施管理），后来英国人 R. 赫德就任总税务司。

　　然而，不久之后英国对中国市场的期待就变成了失望。由于清 [126] 朝政府没有能够切实地履行不平等条约所强加的各项义务，因而以产业界为首的英国社会各界批判清朝政府的呼声日益高涨起来。于是，首相帕麦斯顿就以 1856 年的"亚罗号事件"为借口，与法国一起发动了"亚罗号战争"（即第二次鸦片战争）。1858 年，这次战争以双方签订《天津条约》而宣告结束。根据条约的规定，中国向列强开放内地和长江内路航运，允许扩大通商口岸的规模和基督教的自由传教活动。因为双方在是否批准条约的问题上存在着尖锐的矛盾，英法联军直接进军威胁中国的首都北京，烧毁了皇帝的离宫圆明园。在 1860 年的《北京条约》中，清朝政府同意割让九龙半岛，并允许中国劳工（苦力）自由出境务工。

通商口岸体系与上海的发展

　　这样一来，所谓的"通商口岸体系"正式形成，它在强调自由贸易原则的前提下保证了"人、物、钱"的自由流动。1863 年，上海的英美两个租界正式合并，并于 1899 年改称"公共租界"。

中国通商口岸体系的中心是上海和香港。香港成了英国的直属殖民地，与新加坡一起成为英国皇家海军在东南亚地区的基地，并逐渐成为免征关税的自由贸易港口。

[127]

另一方面，因为上海与拥有广阔市场纵深的内地商圈相联结，所以一开始就迅速地发展成为一大贸易港口。从 1870 年代起，上海又逐渐地变身为金融业和服务业的中心，其重要性与日俱增。以 1865 年设立的汇丰银行为先锋，英系殖民地银行（东方银行）以及德国、法国、俄国的海外银行也都纷纷在上海设立各自的分行。1871 年，海底通信电缆铺设到上海，接着又继续延长到了长崎。拥有公共租界的上海，作为涵盖海运、海上保险、贸易金融以及通商口岸公益事业等诸多领域的服务业中心，同时也作为远超日本东京的东亚第一国际大都市，发展势头方兴未艾。可以说，现代上海的经济繁荣就是在这个时候开始的（图 11）。

在对中国展开炮舰外交的过程中，印度军队充当了"帝国扩张

图 11　通商口岸上海的外滩地区（欧美系的银行和商行纷纷落户上海租界黄浦江畔的外滩）

的急先锋"。印度军队的军费由印度财政负担，是一支可以由英国政府和当地印度事务管理当局随时向海外派遣的应急反应部队，被派往以印度洋沿岸和印度西北国境线为中心的亚非两大洲的各个地区。至于英帝国的扩张和防务费用，虽然白人自治领也负担了其中的一部分，但是印度财政被迫承担了其中的绝大多数。在第一次鸦片战争期间，约有 5 800 名印度军人被派往广东作战；在第二次鸦片战争期间，约 11 000 名印度军人参加了进攻北京的军事行动。然而，这两次印度军队远征中国的经费是由英国政府负担的。

[128]

在除中国以外的亚洲其他地区，英国政府也通过同样的炮舰外交，构筑了一个所谓"修好通商条约"的通商网络。其中 1838 年和 1861 年与西亚（中东）的奥斯曼帝国，以及 1841 年和 1857 年与恺加王朝的波斯签订的通商条约，是英国构筑这种通商网络的最早尝试。在 1850 年代的中叶，英国又与东南亚的缓冲国——暹罗（泰国，1855 年）签订了通商条约《鲍林条约》。

对日政策与不平等条约——单方面最惠国待遇

在幕府时代的末期，1858 年，日本也在英国的胁迫之下与欧美列强签订了修好通商条约（《安政五国条约》），宣告了锁国时代的终结。与亚洲其他国家的情况一样，这些条约包括承认列强的领事裁判权（治外法权）、丧失关税自主权、同意单方面最惠国待遇等内容，是一种不平等条约。

在这些内容中，对于考察亚洲国际秩序的变化来说，"单方面最惠国待遇"这一条具有决定性意义。根据它的规定，亚洲国家单

[129] 方面把最惠国待遇让给了欧美各列强国家。于是，欧美各国就可以毫不费事地确保自己的特权。

英国对幕府时代末期的日本也实施了炮舰外交政策。在尊王攘夷运动不断高涨的形势下，1862 年 9 月发生了"生麦事件"。作为对日本的报复，英国于 1863 年 8 月发动了"萨英战争"。继而，1864 年 8 月又发生了四国联合舰队炮击下关（长州藩）事件。这几起事件，就是英国对日炮舰外交的典型表现。不仅如此，以预防攘夷派对外国人发动袭击为借口，从 1863 年 6 月到 1875 年间，英法两国向横滨的侨民居住区派遣了 1 300 名军人担任守卫，其中的主力部队也是由印度军人所组成，这种情况与中国相同。

这样一来，幕府时代末期和明治时代初期的日本，同样也被纳入了英国非正式帝国的范围之内。作为英国工业制品的销售市场、原材料和粮食产品的直接供给源，进而也作为资本和服务业的输出对象，对世界上的欠发达国家进行重新组合，最终构筑一个以英国为中心的世界经济体制，这就是英国的世界战略。英国的这一战略，是在获得英国国家支持的基础上得以实施的。然而，从日本和中国的情形来看，虽然两国都被迫与英国签订了包括单方面最惠国待遇条款在内的不平等条约，但也正是这些条款的存在，导致了欧美列强国家相互之间的利益调整以及政策上的协调和牵制。于是，各列强国家尽量避免在这里获取一国独享的排他性垄断权益和特权，清朝政府和明治新政府这两个东亚政权的主权，因此而得以维持，欧美列强各国也不得不摸索与当地政权的共存模式。与作为正式帝国而被殖民地化的南亚和东南亚地区相比，东亚地区在这一点上存在着特殊性。

有一个现象需要指出：在幕府时代末期和明治时代前半期的英 [130]
国驻日外交官中，出现了一批熟悉东亚情况，为后来的日本研究做
出了杰出贡献的学者型外交官。譬如：著有《大君之都》的 R. 奥
尔科克（1859—1865 年驻日公使），曾担任日本亚洲协会（Asiatic
Society of Japan）会长的 H. 帕克斯（1865—1883 年驻日公使），
著有《一个外交官眼中的明治维新》并留下详细日记的亲日派 E. 萨
陶（1862—1883 年驻日使馆翻译，1895—1900 年驻日公使）等人，
就是其中的典型代表。在明治时代的初期，日本为了推进各方面的
现代化建设，雇用了很多"外国人"，诸如铁路工程师 E. 默莱尔以
及法律顾问 F. 皮格特等，其中的大多数都是英国人。特别是在实用
科学教育领域中，还有很多像灯塔设计师 H. 布朗顿，创立工部大学
校并致力于工学教育的 H. 戴耶那样的苏格兰出身的专业人才。

3. 豪绅资本主义帝国——金融与帝国

关于豪绅资本主义的讨论

近年来，英帝国史研究专家 P. J. 凯因和 A. G. 霍普金斯提出的
所谓"豪绅资本主义理论"，作为解释和理解英国历史的新视角，
受到了越来越多的关注。

根据英国历史研究的传统，学者们一般都是从以 18 世纪末工 [131]
业革命为契机而迅速展开的英国工业化进程和制造业发展的视角出
发，来考察英国资本主义特质。凯因和霍普金斯的创新之处，就在

于他们将研究的目光投向了以下三个方面：一是以英国传统的大土地所有者——地主和贵族阶层为核心的农业资本主义，二是以逐渐繁荣起来的伦敦金融城为核心的金融和通商资本所构成的金融服务业资本主义，三是由这两部分合并而成的豪绅资本主义。在他们看来，1688年光荣革命之后开始起步的英国近代史上的整个海外扩张过程，集中地反映了豪绅资本主义的利益。

根据这种历史解释，对英国工业革命之历史意义的评价将会被相对降低。与此同时，这也意味着在英国经济发展的过程中，相对于与"货物"生产紧密相连的工业和制造业而言，与"金钱"紧密相关的金融和服务行业显得更加重要；相对于英格兰西北部的工业地区而言，伦敦金融城和英格兰东南部的经济繁荣及其财富积累更加值得强调。

这种新观点不同于强调非欧地区各种"当地危机"的周边理论，它力图从英国本身的经济因素中，去寻找英国海外扩张及其走向帝国主义的终极原因，力图把英国国史和英帝国史结合起来，在同一个框架中寻求合理解释。在凯因和霍普金斯的问题意识中，包含着以下三方面的内容：一是关于英国资本主义结构的转换问题，二是关于英国海外扩张过程中非正式帝国的含义及其地位的问题，三是关于第一次世界大战以后日趋明朗化的所谓"英国经济的衰退"问题。

[132]

由于这些问题意识的提出，关于英帝国历史的研究重新引起了学术界的关注。然而，针对这一全新的历史解释，以欧美历史学界为中心，在全世界范围内展开了批判和论战。凯因和霍普金斯不仅重新唤起了人们对加拿大以及澳大利亚等白人定居殖民地（自治领）的重要性的关注，而且强调了处于两个世纪过渡期间的中国、奥斯曼帝国和南美洲各国通过城市金融力量所显示出来的"无形的帝国"（invisible empire, informal empire）的重要性。在这一点上，它与此前加拉赫和鲁滨孙提出来的观点存在着某种共同之处。

伦敦金融城的繁荣

作为英国服务业经济支柱的伦敦金融城，也因为这场学术论战而再度成为人们关注的对象。那么，它到底又具有怎样的历史特点呢？

伦敦金融城实际上就是指以位于伦敦市东部的英格兰银行为中心的一小块地方，面积只有 1 平方英里（合 1.6 平方公里）。20 世纪初期，金融城集中了与英国海外贸易相关的中枢机构。其中既包括众多所谓"商业银行家"（精通海外金融业务的个体金融家）和 1 000 多家海外银行总（分）部或者代理商，也包括英国的大型股份制储蓄银行总部、以全球最大的劳埃德保险协会为代表的海上保险业以及经营亚洲航路并在鸦片贸易中获利的P&O轮船公司等等。[133]

正如我们在序章中所提到过的那样，自从 1986 年撒切尔政权实行大幅度的金融自由化政策——"大爆炸改革"以来，由于全世界的主要银行和证券公司竞相进入，现在的伦敦金融城的国际化程度进一步提高。日本的各大金融机构也纷纷到这里来建立分部，在伦敦工作的日本人中，约有 5 万人以各种各样的方式介入金融城。即使在今天，它依然是能够与纽约华尔街相提并论的世界级国际金融中心。另外，以金融、证券和保险为中心的金融城的服务经济行业，依然是维持现代英国经济繁荣局面的支柱。

这种良好势头与泰晤士河沿岸曾经的海外贸易基地——伦敦德克兰港区的重新开发紧密相连。今天的伦敦德克兰港区，可以说是面目一新。除了它已经变身为发挥金融城功能的第二金融中心之外，为了迎接 2012 年的伦敦奥林匹克运动会，与它相邻的地区也正在进行各种相应的配套性开发建设。

伦敦金融城这种经济繁荣局面的历史起源，可以追溯到 17 世纪末的财政改革。在财政改革的过程中，先后创立了英格兰银行、东印度公司以及南海公司等大型金融企业，一些金融业者通过经营活动积累了大量的个人财富，进而形成了一个被称为"疑似绅士"的英国特有的社会集团。与此同时，他们与地主阶级共同继承和发扬了英国传统的、以大土地所有者为核心的绅士文化。

[134]　　然而，到了 19 世纪末，两者的关系地位发生了逆转。金融城的金融利益集团吸收了地主阶级，形成了所谓"绅士资本家阶层"，成了英国社会的新统治阶级。金融服务行业是金融城开放型经济体制的最大受惠者，并因此而日益繁荣起来，可以说是金融服务业的各项业务及其经营人员成就了伦敦金融城。与此同时，有一点必须指出的是：这些经营人员的主体部分，就是以罗斯柴尔德商行和巴林商行为代表的"商业银行家"。

这些"商业银行家"们，原本就是在 18 世纪下半叶伦敦金融城开始兴起的过程中，从欧洲大陆迁徙过来的外国金融业者。他们来到伦敦以后，迅速地熟悉了金融城的独特环境，广泛地结交英格兰银行总经理等重要人物，构筑了广泛的人脉网络，逐渐地跻身于金融城的上层世界。从这个意义上来说，伦敦金融城在接受外来参与者方面，具有一定的社会开放性和流动性，这也是保证金融城经济繁荣的主要因素之一。

"大萧条"与世界经济的结构性重组——多边贸易结算体系的建立

在经济史上，相当于 19 世纪最后 1/4 世纪的 1873—1896 年期间，被称为"大萧条"（the Great Depression）时期。由于 1873 年从德国开始的世界性经济危机的爆发，英国的经济陷入了慢性萧条状态，经历了 1879 年危机和 1890 年的巴林危机（即因投资阿根廷问题所引发的金融信任危机），直到 1896 年为止，始终没能摆脱长期的萧条状态。这次"大萧条"带来了英帝国经济结构的变化和世界经济的重组。 [135]

各个后起资本主义国家迅速地完成了各自的工业化，因初级产品生产国被正式纳入世界市场而出现的世界一体化格局以及全球化的快速进展，这些都是导致上述"大萧条"的原因。在这一时期，美国和德国加速推进各自的工业化进程，在以钢铁生产为首的生产资料和煤炭生产领域中超过了英国。到了 1890 年代，俄国、意大利、日本等"半周边"资本主义国家，也都积极地加速本国的工业化步伐，世界经济开始转入这些后起资本主义国家之间展开工业化竞争的阶段。英国的地位则从"世界的工厂"变成了"三大工业国之一"，制造业的国际竞争力日趋低下，工业制品的出口也处于停滞状态。

另外，1869 年，人类完成了两项对改变世界交通和运输事业状况来说具有革命性意义的伟大工程：苏伊士运河的开通和美国大陆横断铁路的竣工。如果再加上两年前（1867 年）试航成功的火轮横跨太平洋的航线，简直就是现实版的《环游世界八十天》（儒勒·凡尔纳的小说）。

通过这场运输革命，以面向欧美的粮食和原料出口为契机，拉丁美洲各国、加拿大、印度、澳大利亚以及东南亚各国等远距离地区的初级产品生产国，也被真正地纳入到了世界市场之中。随着食品加工技术的进步，各个初级产品生产国的廉价农产品和畜牧业产品大量进入英国本土，使得英国的农业遭遇了毁灭性的"农业大萧条"。粮食进口逐渐地超过了原料进口，到了 1890 年代，甚至已经达到了英国进口总额的 45%。

[136]

经历了这次"大萧条"之后，英国贸易收支的赤字总额翻了一倍。说起来，纵观整个 19 世纪（包括被称为"世界工厂"的 19 世纪中叶），英国的贸易结构（贸易收支）一直处于赤字状态，只是这时的赤字出现了急剧增长的态势。如果我们以英国为中心来考察这一时期的世界经济结构的话，大致可以归纳出以下几个特点：

（1）英国处于经常性进口过剩状态。

（2）德国和美国取代了英国，它们对于来自各个初级产品生产国的粮食和原料的需求，成了左右世界经济重组的因素；在对各个初级产品生产国，特别是印度的贸易中，它们都出现了赤字。

（3）印度等各个初级产品生产国，在对德国和美国的粮食及原料的出口贸易中获得了可观的利润，并用来从英国进口以棉纺织品为代表的各类消费品。

（4）事到如今，英国已经丧失了在欧洲和北美大陆的工业品出口市场，只能集中地向印度等国家，中近东以及东亚等地区出口以棉纺织品为代表的消费品，也只有在这些地区才能获得贸易利润。

在这样的世界经济格局中，英镑以作为贸易结算主要方式的英 [137] 镑支票为载体，按照上述四个特点的排列顺序在全世界循环流通。到了20世纪初，这样一种经贸结构，即以英国为中心的"多边贸易结算体制"正式形成。为了维持这种多边结算制度，必须具备以下两个条件。首先，虽然存在着德国和美国的保护关税，但是英国必须维持开放的自由进口体制（即所谓"自由贸易的悖论"）；其次，英国通过向印度大量出口消费品，来吸纳印度从欧美各国赚取的巨额贸易利润。

从"世界工厂"到"世界银行家和世界票据交易所"

在"大萧条"时期，英国资本主义的结构发生了明显的变化。

接下来，我们将从宏观的国际收支层面出发分析一下这种变化。一般而言，国际收支（经常收支）由贸易收支和贸易外收支所构成。在这一个时期，英国的贸易外收支也出现了很大的变化。

从19世纪上半叶开始，英国的贸易外收支由航海运输费收入、贸易商行的手续费、保险服务费、利息和红利收入等项目所构成，并一直处于盈余状态。用贸易外收支中的盈余利润来弥补日益增加的贸易亏损，已经成为英国国际收支结构的固定模式。迄至1870年代，在英国的贸易外收支中占据首位的是航海运输费收入。进入"大萧条"时期以后，海运业可以说是风光不再；在 1876—1880 年间，利息和红利收入迅速增加，开始超过航海运输费收入。到了 20 世纪初，仅利息和红利收入一项就完全能够填补英国的贸易赤字。

[138]

之所以会出现这样的局面，是因为英国向海外的资本输出额急剧增加的缘故。1875 年，英国的海外投资总额首次超过了 10 亿英镑，20 世纪初达到了 30 亿英镑。这种投资的方向集中于澳大利亚和加拿大等自治殖民地，以及南美洲的阿根廷（非正式帝国）等初级产品生产国，另外还有美国。尤其是 1880 年代后半期以来，投向自治殖民地的资本额迅速增加。如果再加上长期以来一直保持着增长势头的、面向作为正式帝国的印度的投资，就可以看出英国在帝国内部的投资总额的迅速增长状况。投资的对象都与公共事业和铁路建设相关，投资方式以证券投资为主，包括各国政府发行的债券和铁路公司的证券等等。

由于英国制造业的国际竞争力迅速下滑，因而除了面向印度和东亚各国的投资以外，英国的资本输出基本上没有为本国的制造业带来更多的需求。不仅如此，它反而促进了德国和美国的生产资料出口（金属和机械类）。在海外投资方面，英国的制造业和金融业处于利益相悖的尴尬境地。

从国际收支的整体结构来看，英国全靠从印度获得的巨额盈利（约 6 000 万英镑）和从澳大利亚、东亚各国、土耳其获得的盈余（共约 3 300 万英镑），才勉强地填补上了自己与美国和欧洲各国之间所产生的巨额赤字（20 世纪初约为 9 500 万英镑），从而维持了收支平衡（图 12）。

[139]

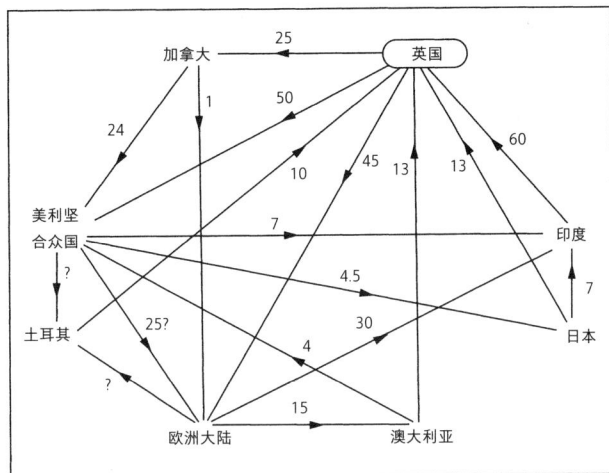

图 12 1910 年世界多边贸易结算概念图（单位：100 万英镑）
引自：S. B. 索尔著、久保田英夫译《英国海外贸易研究》，文真堂，1980 年

由此可见，20 世纪初的英国，一方面依赖贸易外收支，尤其是利息和红利收入填补巨额贸易赤字；另一方面却在增加资本输出，并成为多边贸易结算体制的核心国家和国际金融的基准国。就在这个时期，英国既实现了经济活动重心从"世界工厂"（工业品出口国）向"世界银行家"和"世界票据交易所"（金融服务的中心地区）的转变，又能够继续维持作为世界经济中心的地位。

印度的安全阀——"英国王冠上的璀璨明珠"

[140]

在多边贸易结算体制的运营过程中，从印度获取的巨额盈利发挥了重要作用。然而，要使这个针对国际收支的"印度安全阀"有效地发挥作用，必须具备以下两个前提条件：一是所谓"强行要求的贸易盈余"，即英国通过大量出口本国生产的消费品（棉纺织品），来获取印度在与欧美以及亚洲区域贸易中所赚取的贸易利润；二是向殖民地强取的财政经费，即印度财政每年必须向宗主国自动支付因殖民统治而产生的"管理费"（内部管理费）。

在 19 世纪的下半叶，这种"管理费"虽然因概念和计算方法的不同而有所差异，但是总体上说来约占印度每年财政支出的 30% 左右。在 19 世纪到 20 世纪的过渡时期，印度财政中偿付铁路证券利息和军费的开支部分快速增加。

由于"管理费"基本上是用英镑支付的，因而支付的金额在很大程度上取决于当时英镑（国际金本位制的基准货币）与卢比（印度本地货币）之间的兑换汇率。

从 1870 年代后半期开始国际银价的大幅度下跌，给采用银本位制的印度财政的稳定性带来了严重的不利影响。因银价下跌而造成的卢比汇率的下跌，增加了印度当地殖民事务当局向英国本土的汇款数额。另外，印度的财政收入由向印度农民征收的土地税、盐税、进口关税以及鸦片销售收入等项目构成。如果增收土地税和盐税的话，一定会招来农民的反抗，因此在政治上是不合适的。与此同时，正如以上所叙述的那样，在英国本土棉纺织业资本集团的政治压力之下，要提高作为关税收入的进口关税的税率也是难上加难。在这样的局面中，财政收入的大幅度增加已成为不可能，再加上银价的下跌，于是印度当地殖民事务管理当局的财政负担实际上是在不断地加重。

在 1880—1890 年代，以增加白银使用机会为目的的金银复本位制，引起了人们的广泛议论，从而为印度当地殖民事务管理当局摆脱财政困境提供了一条思路。1886年，"金银复本位制同盟"宣告成立，成为谋求实现复本位制运动的核心。这场运动在英国社会中同样获得了广泛的响应，其中既包括英国棉纺织业资本集团（急于扭转面向印度市场的棉纺织品出口疲软局面），在"大萧条"形势之下害怕失业的英国棉纺织业劳动者，也包括英国的地主阶级（希望以通货膨胀来解决因农业歉收而造成的农产品价格下跌问题）。在这同一年，为了调查以印度问题为中心的金银价格变动状况，英国议会专门设立了金银调查特别委员会，使得关于金本位制和复本位制问题的大讨论走向深入。然而，进入1890年代以后，随着银价的进一步下跌，主张坚持金本位制的阵营越来越占了上风。

在这样的国际环境中，印度当地的殖民事务管理当局，按照英国"印度货币调查特别委员会"的授意，于1893年下令停止在印度本土自由铸造卢比银币。这样一来，卢比银币实际上变得毫无价值，英镑与卢比的兑换汇率以卢比升值（1卢比＝1先令4便士）的方式 [142] 固定下来，暂时避免了印度财政的亏空和债务不履行。

1894年，印度当地殖民事务管理当局为了填补财政赤字，重新对棉纺织品征收进口关税。作为一种补偿措施，1899年英国政府以相同的税率对印度商品征收国内消费税，希望以此来重建和稳定印度的财政。最后，根据1899年《印度铸币与纸币法案》的规定，在印度确立了不伴随金币流通的金汇兑本位制，从而保证了"管理费"的持续支付。

在新旧世纪交替时期的英属印度，由于伦敦金融城在政策层面上的金融利益优先地位的格局依然如故，因而金本位制得以延续。

英国政府的金融与货币政策，首先关注的是金融城的金融业和服务业的利益，这一原则在印度也同样得到了贯彻。英镑的价值靠黄金来保障，作为货币的英镑广泛地流通于全世界，因而所谓的国际金本位制实际上就是"英镑体制"，而印度则是这种金融体制最大的稳定要素和安全阀。从这个意义上来说，新旧世纪交替时期的印度就是"英国王冠上的璀璨明珠"。

那么，英属印度以外的殖民地以及英帝国其他地区的状况又是怎样的呢？接下来，让我们把时间稍微往前追溯一下，看看爱尔兰和非洲各地区（瓜分非洲）的情况吧。

关于爱尔兰自治问题的纠纷

[143]

根据 1801 年议会契约的规定，爱尔兰成了英国的国内殖民地。在 1879 年开始爆发的"农业大萧条"期间，出现了以帕奈尔为首的爱尔兰土地同盟，以保障佃农权益为目标的土地改革运动随之兴起。

帕奈尔同时兼任爱尔兰国民党的党首。在 1880 年的议会大选中，爱尔兰国民党获得了 64 个议席，从而确立了自己在英国议会中仅次于自由党和保守党的第三大党的地位。1881 年，自由党内阁首相格莱斯顿第二次制定了《爱尔兰土地法》，在强化土地租佃权的同时，提出了实现公平地租的方针。然而，在爱尔兰民族主义情绪不断高涨的背景之下，1882 年新成立了爱尔兰国民同盟，打出了爱尔兰自治的旗号。

长期以来，格莱斯顿一直致力于解决爱尔兰的宗教和土地问题。1885 年夏天，在完成了国内各项政治改革以后，他又继续满怀着"舍我其谁"的政治使命感，把解决爱尔兰的自治问题作为自己此后必须完成的政治课题，为此倾注了最后的热情。在 1885 年 11 月的议会大选中，爱尔兰国民党共获得 86 个议席，与执政党的议席数相等，成为英国议会中足以对国政产生决定性影响的大党。作为国内殖民地的爱尔兰的意愿，可以通过威斯敏斯特议会大厦中那些从爱尔兰选出来的议员们的投票之手，对英国政治发挥决定性的影响力。换而言之，英国的政治局势发生了逆转。 [144]

1886 年 4 月，格莱斯顿向议会提出了《爱尔兰自治法案》和《土地购入法案》。在《爱尔兰自治法案》中包含着以下两条规定：第一，设立爱尔兰议会，拥有除外交、关税、货币、国防等"帝国条款"之外的广泛的立法权；第二，爱尔兰籍议员退出英国议会，爱尔兰享有类似加拿大联邦模式的自治权。这个提案对英国带来的冲击将会是致命的，因为它动摇了组成联合王国的基本原则。

这两个法案由于遭到了自由党辉格派、新激进主义者以及保守党的激烈反对，因而最终在议会中被否决。辉格派代表大土地所有者的利益，他们担心爱尔兰土地问题的解决会在本国引起连锁反应；以 J. 张伯伦为首的新激进主义者担心会因此而失去爱尔兰市场；保守党则是强调帝国的完整性。

这些主张维护爱尔兰与英国本土一体化的反对者们毅然退出自由党，另外组成了新的自由统一党（自由党的分裂）。在 1886 年 7 月的议会大选中，反对向爱尔兰移交自治权的保守党大获全胜，第二次索尔兹伯里内阁成立。

英国政界的这次大变动是以爱尔兰问题为契机而引起的，这一点具有重要意义。英帝国最重要的殖民地问题，既牵扯到帝国的内政方针，也涉及帝国的外交政策，现在终于发展到了事关联合王国赖以存在的基本原则的时候。19世纪中叶以来，作为存在于两大政党夹缝之中的自由党的支持者，格莱斯顿的自由主义因此宣告彻底破产。在此后大约20年的时间里，自由党的影响力持续下降。在整个新旧世纪交替时期，英帝国的海外扩张政策，都是在打着"反对爱尔兰自治、维护帝国统一"旗号的张伯伦的主持下展开的。

占领埃及与"喀土穆的悲剧"——非洲分裂的过程

尽管格莱斯顿的自由主义因爱尔兰自治问题而宣告破产，然而在此之前，当非洲各地爆发民族独立运动的时候，它的无能为力早已暴露无遗。

1881年2月，南非德兰士瓦的荷兰裔布尔人，在马朱巴战役中大破英军，获得了事实上的独立（第一次布尔战争）。在1884年2月的《伦敦协定》中，一心谋求和平的格莱斯顿在保留英国对德兰士瓦的宗主权（即有权干涉德兰士瓦内政）的前提下，承认了德兰士瓦的独立。这种模棱两可的解决方式，实际上也就成了19世纪末爆发的第二次布尔战争的间接原因，因为这次战争破坏了英帝国的完整性。

另一方面，在北非的埃及，由于英法两国从1879年开始就强迫当地政府偿还债务并控制国家的财政管理，从而引起了民众的反抗。1881年9月，军人通过政变推翻了亲英派政权（阿拉比·帕夏之乱）。英国不得不重新审视原来奉行的那套以埃及社会精英为"合作者"，根据非正式自由贸易主义原则实行统治的对埃政策。

1882年6月，亚历山大里亚爆发了反英大暴动。面对这样的局面，J. 张伯伦以及 C. 迪尔克等内阁强硬派成员，主张以保护外债和强化苏伊士运河防务为由进行军事干涉。在这些人的政治压力和埃及当地叛乱形势的逼迫之下，束手无策的"和平主义者"格莱斯顿陷入了进退维谷的窘境，最后不得不同意出兵镇压，并由英国单独占领埃及。

1883年，在埃及的附属领地苏丹爆发了"马赫迪教徒起义"。为了援救被起义军围困的埃及军队，格莱斯顿将因镇压中国太平天国起义有功而被称为"中国英雄"的戈登派往当地的喀土穆。出乎意料的是，1884年戈登也身陷马赫迪教徒的包围之中，于是英国社会中要求派军队增援戈登的呼声日益高涨。

尽管格莱斯顿对苏丹的民族运动表示理解，并表示依然倡导"和平主义"，然而也同此前处理埃及阿拉比起义的时候一样，在内阁强硬派和社会舆论的强大压力之下，违心地做出了派遣援军的决定。又一次出乎意料的是，1885年1月末，就在援军到来的两天之前戈登战死，酿成了所谓的"喀土穆的悲剧"。对于这一事件，英国的 [147] 社会舆论一片哗然，齐声谴责格莱斯顿是"杀害戈登的刽子手"，使得他的政治威望一落千丈。

面对非洲此起彼伏的民族主义运动的兴起，英国政府的应对措施迟钝而失当。这不仅与格莱斯顿本人的政治理念相悖，而且客观上也促进了欧洲列强在争夺非洲殖民地问题上的竞赛。为了改善因占领埃及而不断恶化的英法关系，同时也为了争取德国的支持，英国承认了德法两国在非洲所获得的领土和附属国（法国占领突尼斯，德国占领东非）。另外，虽然格莱斯顿多次向议会保证从埃及撤军，但是在行政官僚克罗默（英国驻埃及总领事，拥有统治印度的经验）的治理下，埃及作为事实上的殖民地，行政管理体制已经逐渐完备起来。

几乎在同一个时期，1884 年 11 月到 1885 年 2 月，在德国召开了有 14 个国家代表参加的柏林西非会议，这些国家都声称自己与非洲利益攸关。在这次会议上，欧美列强通过协商，单方面确定了在非洲大陆获取殖民地或势力范围的各项规则（河道自由航行权、保障自由贸易、禁止奴隶贸易、保护当地居民、实行必要的有效统治）。英国在确保西非尼日尔河流域的势力范围的同时，让会议确认了比利时国王通过刚果自由邦对非洲中部刚果河流域的统治权。刚果河流域的刚果盆地被定为自由贸易区，英国所谋求的自由通商得到了保证。

[149]

由此可见，各个欧洲列强国家已经完全超越了格莱斯顿的政治意图，争先恐后地开始实施各自瓜分非洲的计划。为了确保"将来的市场"，这些列强国家不惜采取帝国主义的行径，而英国则是它们中的急先锋。

南非战争与英帝国的危机

在 1895 年议会大选中大获全胜的保守党与自由统一党合并，高举帝国统一和帝国联合的大旗，更名为"统一党"（Unionist Party）。J. 张伯伦就任新的殖民大臣，成为新旧世纪交替时期英国以南非为舞台推行帝国扩张政策的实践者。

对于英国的帝国政策而言，南非具有双重意义上的重要性。一方面，在欧洲列强竞相瓜分非洲的过程中，为了实现纵贯非洲大陆的政策，确保经由喜望峰而向南大迂回的“帝国通道”的安全，开普殖民地占据着军事和外交上的战略要冲地位。另一方面，作为因开采钻石和黄金而日益受到青睐的海外投资目的地，以及支撑国际金本位制的黄金供给来源，对于伦敦金融城的金融利益集团而言，荷兰裔白人布尔人所统治的德兰士瓦共和国的重要意义不言而喻。自从 1886 年那里发现了金矿以后，大量的英裔移民纷纷拥入，以 [150] 1889 年成立的英国南非公司为代表，英国的经济影响力不断地扩大开来。

钻石大王 C. 罗兹就任开普殖民地的首相以后，为确保英帝国的利益，与企图摆脱英国统治的德兰士瓦共和国总统保罗·克留格尔展开了坚决的斗争。与此同时，英国殖民大臣张伯伦也积极地筹划着在优先考虑英国利益的前提下，创立一个以开普殖民地为中心的、加拿大联邦式自治领——英属南非联邦国家。

1895 年 12 月末，罗兹与张伯伦遥相呼应，为了推翻克留格尔政权，策划了詹姆逊入侵事件。詹姆逊是罗兹所控制的特权公司——南非公司的执行官，这次事件就是他率领公司所属的 500 多名骑警队队员非法入侵德兰士瓦共和国，并企图占领约翰内斯堡的军事冒险行动。按照罗兹原来的计划，在詹姆逊率军入侵的同时，利用当地英裔居民对克留格尔的不满情绪，发动推翻现政权的政变。然而，由于事先的准备不充分，结果以失败告终。

在社会舆论的猛烈抨击下，罗兹不得不引咎辞职。A.米尔纳接替罗兹担任南非高级政务官以后，依然与张伯伦联手，采取了足以引起布尔人反抗的行动，导致了当地的紧张局势进一步加剧。英国政府一方面要求赋予德兰士瓦共和国境内的外国居民参政权，另一方面则要求确保自己干涉德兰士瓦共和国内政的权利。克留格尔在[151] 危机重重的局势下，毅然与奥兰治自由邦结成军事同盟，并于1899年10月发动了南非战争（第二次布尔战争）。

由于这场战争的爆发出乎英国方面的预料，因而在战争的初期阶段，布尔方面占据了有利地位。于是，它最终发展成为英国自19世纪中叶的克里米亚战争以来规模最大的战争。在国内民众狂热的爱国主义情绪的驱使下，英国向前线投入了大量的预备役士兵和志愿兵，并且得到了来自澳大利亚、新西兰、加拿大白人自治领的援军，终于扭转了军事上的被动局面。包括援军在内，英国投入的总兵力多达45万人。在敌强我弱的形势下，布尔人转而采取游击战的形式继续抵抗。1902年5月，双方在弗里尼欣签订了和约，历时两年半的战争终于结束。德兰士瓦共和国和奥兰治自由邦被并入英帝国的版图，张伯伦的帝国扩张计划又向前迈进了一步。

在这场南非战争中，英国政府从一开始就获得了广泛的国内支持，既有来自自由党内的自由帝国主义派和社会主义团体费边协会的，也有来自中产阶级下层和工人阶级中上层的。可以说，当时英国国内支持帝国扩张的"帝国意识"空前高涨。

1900年秋天，正当南非战事正酣之际，英国议会举行了所谓"卡其色选举"（大选）。统一党取得完胜，自由党却分裂成为反战的

亲布尔派和主战派两大阵营。另外，在战争过程中，英国方面得到 [152]
了来自白人自治领的 6 万多军队的增援，这一事实显示出英帝国在
军事上的整体性。英国政府迫切希望将国民意志纳入当前的政治体
制之中，以此进一步强化英帝国的整体性。从这次大选的结果来看，
英国政府的这种政治意图可以说出乎意料地在短时期内实现了。

然而，随着战争长期化态势的出现，帝国扩张政策的矛盾日益
暴露出来，英帝国不得不面对这种暂时性的"危机"，最主要的表
现就是英国的财政危机。由于南非战争动员的总兵力达45万人以上，
共消耗军费 2 亿 3 000 万英镑，形成了巨额财政赤字，还发行了大
量的赤字国债，因而英国的国家财政面临着破产的危机。军费的增
加使得投向社会公共保障事业的经费支出大幅度减少，以劳动者为
对象的老龄年金的支付也被无限期延迟。

2/3 来自工人阶级的志愿兵服役人员，以无法忍受服兵役的痛苦
而拒绝入伍，这种现象对英国政府敲响了警钟。为了增加身强体壮
的"帝国臣民"的数量，如何才能尽早地实现社会公共保障事业？
这是摆在政府面前的一大课题。既要正常支付社会公共保障事业费，
又要顺利筹措与日俱增的军费，就必须确保新的财源。1902 年，作
为为期仅一年的紧急措施，财政大臣希克斯·比奇宣布征收谷物进
口登记税。统一党内部围绕着这一临时举措展开了激烈的争论，不
久又引发了"关税改革大论战"和"张伯伦关税改革运动"。

另外，英帝国在军事上的脆弱性也暴露得越来越明显。在以布
尔人为对手的殖民地战争中，竟然不得不投入达45万人以上的庞大
兵力，战争初期还一度陷入了被动挨打的苦战局面，战争的持续时 [153]

127

间也大大地超出了最初的预期，打成了一场长达两年半的持久战。所有这一切，都暴露出英国陆军在作战指挥、军事动员体制以及后勤装备（兵站）等各个方面的缺陷。

不仅如此，几乎是同一时期（1900 年），在中国爆发了义和团运动。英国军队也是在 8 个列强国家联军的相互配合下，特别是日本陆军和作为"帝国扩张的急先锋"的印度军队的大力协助下，才勉强将义和团镇压下去。

在以白人——布尔人为对手的南非战争中，出于人种的偏见，同时也担忧会对自己在印度的统治带来负面影响，所以英国政府没能大规模地动员印度军队参战。在应对同时发生的世界性纷争方面，英帝国军事力量的脆弱性已经暴露无遗了。

张伯伦关税改革运动——自由贸易还是保护贸易？

自从 1846 年和 1849 年分别废除了《谷物法》和《航海法》以来，坚持自由贸易体制已成为英国的既定国策。从制造业方面的情况来看，英国所面临的主要竞争对手德国和美国，为了确保各自国内产业在与英国的竞争中立于不败之地，都实行了高税率的保护关税，只有英国还维持着自由贸易和自由进口的体制。

[154] 实际上，从"大萧条"的前半期（1880 年代）开始，英国国内也出现了要求恢复贸易保护主义的呼声。事到如今，由南非战争所造成的国家财政危机，再次引起了人们对现有贸易政策的反思。是否要改变这种自由主义贸易体制？这已经成了左右英国基本国策和帝国经济政策的大问题。随着张伯伦关税改革方案的提出，一场要

求放弃自由贸易政策的政治运动旋即展开。帝国扩张政策的历史欠账，从根本上动摇了英吉利自由贸易帝国的基础。

1905 年 5 月 15 日，张伯伦在伯明翰的演说中提出了自己的关税改革方案。这个方案的特点，就在于把关税改革与英帝国的一致性紧密地结合在一起。具体而言，就是在将英国和白人自治领融为一体的基础上，以帝国范围内的自给自足为目标，实现帝国关税同盟。在他的方案中，提出了以下为了保护所谓"帝国特惠"（imperial preference）和英国工农业产品而设定的三方面内容。

（1）英国对外国生产的粮食征收关税（谷物为每夸脱 2 先令，乳制品为 5%），对殖民地生产的粮食免征关税。作为互惠措施，自治领对英国的工业制品征收低税率的特惠关税。

（2）为了在国际竞争中保护英国的产业，对外国的工业制品征收关税（最高为 10%）。同时继续维持原棉等工业原料的自由进口政策。

（3）作为对进口粮食征收关税的一种补偿，降低以嗜好品为对象的茶叶关税，撤销蔗糖和咖啡的关税。

张伯伦的关税改革方案，实际上是为了摆脱帝国财政困局而进行的一种政策性试探。面对着英国在与欧美列强进行领土扩张的竞争过程中，变得越来越严重的帝国主义财政问题，到底是继续维持原来的自由贸易政策，通过增收直接税（所得税）的方式来解决，还是转而实行保护主义政策，通过征收间接税（关税）的方式来解决？这就是关键所在。另外，根据 1897 年的关税法，作为帝国最大的自 [155]

治领的加拿大，比英国抢先一步，已经开始单方面对英国本土生产的工业制品实行了特惠关税政策，张伯伦的这个提案实际上也反映出加拿大方面要求英国政府改变自由贸易政策的事实。由此可见，英国贸易政策的制定也受到了白人自治领的贸易政策的影响。

张伯伦和他的支持者们组成了关税改革同盟，打出了"通过关税改革实现全员雇用！"的口号，积极地争取工人阶级站到保护主义阵营中来，为自己赢得广泛的社会基础。这场改革运动的背后，站着英国的两大利益集团：一是伯明翰的金属工业集团，他们由于日益丧失国际竞争力，频繁地与德国和美国发生贸易摩擦，因而积极主张保护国内市场；二是大地主阶级，也就是土地贵族，因为他们在"农业大萧条"中损失惨重（图 13）。

统一党内部的自由贸易派和在野的自由党，针锋相对地主张继续推行持续至今的自由贸易政策。他们所代表的，正是在自由贸易中获益的棉纺织业集团和伦敦金融城的金融集团。

图 13　J. 张伯伦（1836—1914 年），出身于伯明翰富裕制造商家庭，出任伯明翰市市长后进入政界，成为英国著名的政治家。积极推行帝国主义扩张政策，同时主张为工人阶级设立社会公共保障机制

作为降低外国保护关税的补偿手段，A. 贝尔福首相采取了支持 [156]
帝国特惠政策的折中态度，试图以此来调和统一党内部两大派之间
的矛盾。然而，他最终并没有如愿以偿，不得不于 1905 年 12 月主
动辞职。

在 1906 年初的议会大选中，关税改革问题成了各方争论的最大
焦点。自从 1886 年因爱尔兰自治问题出现分裂以来，一直处于萎靡
不振状态的自由党，在这次大选中却取得了压倒性胜利。于是，直
到第一次世界大战为止，浴火重生的自由党长期掌握政权，积极地
谋求既能推行帝国扩张之道，又能兼顾社会福祉的两全之策。

张伯伦关税改革运动最终宣告失败的原因，就在于人们对他的
改革方案的有效性存在着普遍的怀疑。土地贵族怀疑它对英国农业
的保护效果，制造业集团对白人自治领方面能否真正实行特惠关税
持怀疑态度，因而在实行保护贸易的必要性问题上，保护主义阵营
内部出现了分裂。另外，对于工人阶级而言，与保障雇用制度相比，
他们更反对"面包税"，因而希望继续实施粮食的自由进口政策。
在"大萧条"时期，原材料产品价格的大幅度下跌，虽然使得英国
的工人阶级面临着失业的危险，但是他们的实际生活水平却反而有 [157]
所提高。从这一点来看，在全球性规模的世界经济和帝国存在的前
提下，英国民众生活的"大众消费社会"化现象的萌芽已经初见端倪。

然而，引导贸易政策论战走向的最主要因素，仍然是多边贸易
结算体制的确立和伦敦金融城的金融资本及其金融服务利益的优先
地位。毫无疑问，金融城服务经济行业的繁荣是建立在自由贸易体
制基础之上的。

在海外投资额迅速增加的背景下，随着经济发展势头逐渐趋好和世界经济整体规模的扩大，1905—1907年间和1910—1913年间，英国的经济形势呈现出繁荣景象。张伯伦试图通过实行帝国特惠关税（保护关税）来改变自由贸易政策，从而强化英国与以加拿大为代表的自治领之间的通力合作关系。然而，在维持国际收支黑字的多边贸易结算体制中，英国必须维持开放型自由进口体制（自由贸易的悖论）和对印度利益的尊重。因此，英国在世界经济中的地位以及帝国的经济结构，同样也严重地影响着英国国内围绕贸易政策而展开的论战的走向。

[158]
4. 霸权国家英国与近代日本

霸权国家与国际公益

格林尼治位于伦敦的东郊，与正逐渐成为第二个金融中心的德克兰港区隔泰晤士河相望，因英国皇家天文台和国立海洋博物馆而闻名遐迩。1884年，在美国华盛顿召开的国际子午线大会上，代表们决定将通过格林尼治天文台的子午线设定为0度子午线，作为世界标准时间（Greenwich Mean Time, GMT）的起始点。大会之所以做出这样的决定，是因为在1884年这一时间节点上，世界上2/3的航海图都是以格林尼治子午线为基准点绘制出来的。在全世界的时间标记历史上，从此以后，英国格林尼治时间作为世界标准时间的地位，一直维持到1972年被以原子钟时间（ITA）所标记的"国际协调时间"（UTC）取代为止。

正如这一事例所表明的那样，19世纪英国在世界上的影响力，并不仅限于上述所谓"正式帝国"和"非正式帝国"之内。当时的英国所拥有的经济力量、军事力量以及文化影响力都超越了帝国本身，具备了全球规模的压倒性优势，它就是一个霸权国家。

正像 C. 金德尔伯格和 P. 奥布莱恩所指出的那样，霸权国家一方面具备了决定国际关系基本框架的实力，在经济、安全保障（政治外交）以及文化等各个领域中发挥着决定性影响力；另一方面，为了维护国际政治经济秩序，它也在世界各个地区提供了各种各样的"国际公益"（international public goods）。所谓"国际公益"，就是指那些同时具有"不可排除性"（不排除不支付费用之人）和"非排他性"（即使遭遇白蹭，其他人也不会因此而受到影响）的财富。 [159]

就19世纪的英国而言，除了上述自由贸易体制以外，以确保能与黄金兑换的英镑为基准货币的国际金本位制，铁路和货轮交通网络，海底电信网络在内的遍布全球的运输通信网络，国际邮政制度，以格林尼治时间为基准的世界标准时间，国际交易法在内的国际法体系，以强大的海军力量为后盾的安全保障体制，作为世界语言的英语等等，所有这些国际公共项目，可以说都是英国做出的"贡献"。这些国际公益财富，无论是谁都可以利用，作为经济层面上的相互依存体制，同时也作为推进19世纪的全球化进程的主要手段，直接促进了国际秩序中"游戏规则"的形成。

一般而言，霸权国家与近代以前的世界强国（亚洲的中国、莫卧儿帝国以及奥斯曼帝国等）不一样。对于霸权国家而言，为了降低因行使全球性影响力而产生的成本，最理想的统治方式，就是不

[162] 拥有必须具备官僚统治机构和军事力量的正式帝国（殖民地）。然而，从19世纪英国的情况来看，它是一个拥有以英属印度为代表的遍布全球的正式帝国的霸权国家，这一点与现代美国的霸权（Pax Americana）有着结构性差异。

接下来，作为英国所提供的国际公益的一个实例，我们具体考察一下19世纪下半叶由海底电缆所引发的信息革命的具体状况。1866年，横跨大西洋的海底电缆全线贯通；1870年，印度海底电缆也铺设成功。英国与印度之间的联系仅需5个小时，从而导致了电信数量的猛增，仅1895年这一年，就达到了100万封。1871年，这条国际电信网络经由香港和上海，延伸到了日本的长崎。随着国际电信网络的日益完备，以汇丰银行为代表的英系殖民地银行，相继在东南亚、英属印度以及日本等地开设分行，亚洲各地区之间的贸易结算和汇款业务变得越来越方便。

迄至1900年，全世界海底通信电缆的总长度约为30万公里，其中的大约75%都归英国的公司所有。英国政府出于战略上的考虑，积极支持英国企业在更加广阔的区域内铺设海底通信电缆。到1902年，联结澳大利亚与加拿大的海底电缆全线贯通，英属正式帝国之间的海底通信电缆网络建设宣告完成。最新的经济信息可以通过这个电缆网络集中到伦敦金融城，从而强化了金融城作为国际贸易和国际金融核心的地位。然后，路透社就可以通行无阻地把全世界的经济情报传送到英帝国的各个地区。

[163] 进入20世纪以后，随着无线通信技术的发展，英国在香港和新加坡等地相继建造了联结帝国各地区的通信基地。这些信息通信的

基础设施,虽然是在作为霸权国家的英国的全力推动下完善起来的,但是完成以后的通信网络是一种国际设施,只要支付一定的费用,任何人都可以使用。

譬如,居住在东南亚地区的华裔商人(华侨和华人)在向国内汇款的时候,日本的商人在获取海外市场信息的时候,都可以利用这种通信网络。

新加坡成了"苦力"们向东南亚地区迁移的据点和中转地,其中也包括香港地区。根据学者们的估算,1891—1938年期间,约有1 600万印度劳工和1 400万华裔劳工流入东南亚。虽然其中的80%左右在当地作短暂停留之后就返回了本国,但是当这些华裔劳工们在英属海峡殖民地(现在的马来西亚)和荷属东印度(现在的印度尼西亚)的天然橡胶园或锡矿开采工地打工期间,往往都通过在当地开展业务的华裔金融机构——新局,把劳动所得的一部分寄回故乡。这种新局利用在亚洲各地开设分行的汇丰银行以及商业银行等英系殖民地银行(东方银行),也能够顺利地开展海外汇款业务。

日本邮船公司的孟买航线——亚洲区域贸易的形成

[164]

中日甲午战争的前一年,总部设在横滨的海运公司——日本邮船公司(NYK)开通了日本最早的国际定期航线,这就是联结神户与英属印度的孟买之间的固定航线。

通过这条孟买航线运送的主要货物,就是在印度内陆地区种植,通过英国资本所建造的铁路运送到港口城市孟买的印度棉花。对当时的日本而言,这些棉花是以大阪为中心逐渐发展起来的近代纺织业生产的原料。大阪纺织会社、钟渊纺织会社、摄津纺织会社等等，这些把总公司设在大阪的主要纺织企业，为了降低生产成本，大量地使用价格远低于美国棉花的印度棉花。1887年成立的内外棉株式会社和1892年成立的日本棉花株式会社，都是为了适应棉花进口而创立的大型贸易商行。

这条运送印度棉花的孟买航线，最初是由英国P&O轮船公司等三家外国海运公司垄断经营的，运输费用很高。为了挑战这种垄断经营状态（卡特尔），日本邮船公司在政府的资金扶助和纺织业界（大日本纺织联合会）的共同援助下，与当地的印系棉商和塔塔商行联手，开辟了这条从神户（经由香港、新加坡、科伦坡）到孟买的新航线。

对于印度方面而言，在反对英国殖民统治的民族主义浪潮逐渐形成的形势下，日本航线的开辟以及与日本棉商进行印度棉花的直接交易也是有利可图的。之所以这样说，是因为英属印度内陆地区所生产的印度棉花，并没有像当初预期的那样全部销往英国的曼彻斯特，它出口总量的60%都运往日本的大阪。大阪的近代棉纺织业者成了印度境内殖民地铁路建设的受益者之一，这一点尤其值得注意（图14）。

[165]

当然，通过孟买航线运输的物资，并不仅限于印度棉花。运输船从神户港返航的时候，满载着大阪以及神户附近地区所生产的火柴、肥皂、洋伞、煤油灯等生活日用品，一路销往东南亚乃至于英属印度以及香港地区。这些商品都是根据当地社会的传统需求生产出来的亚洲独有的近代工业产品，比欧美生产的同类产品便宜得多，因而在价格方面有很强的竞争力。

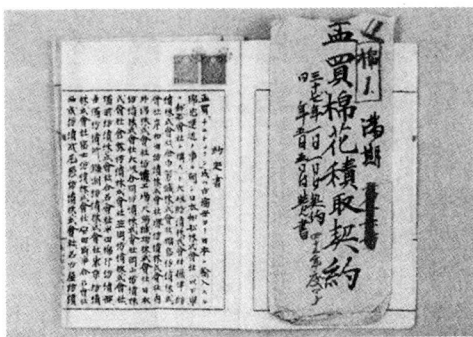

图 14 日本邮船公司孟买航线的棉花运输合同书（1905 年）
日本邮船公司为了稳定地运营孟买航线，与当时日本最大的实业团体——大日本纺织联合会（总部设在大阪）缔结了印度棉花的装运合同
引自：《日本邮船历史博物馆·常设展品说明书》，2005 年

这些亚洲商品进出口业务的经营者，都是来自中国南方的中国商人（华侨）和印度商人（印侨）等一些当地的贸易商，因为他们以东南亚为中心，形成了自己独特的通商网络。后来，以伊藤忠商事株式会社和伊藤万株式会社等为代表的大阪商人，也相继加入了交易的行列，获得了巨额利润。 [166]

这样一来，亚洲在继续扩大与欧美国家之间贸易规模（出口以棉花为代表的原材料，进口以英国棉纺织品为代表的工业制品）的同时，也在不断地发展和扩大本地区的区域贸易网络，它涵盖了英属印度（南亚地区）、包括海峡殖民地和荷属东印度在内的东南亚各地区、中国和日本。这就是杉原薰所强调的"亚洲区域贸易"（intra-Asian trade）。

正如我们在本章第 2 节中介绍过的那样，1883 年当时的亚洲区域贸易的结构相对比较简单。具体而言，英属印度对中国的鸦片出口是最大宗的贸易项目，对中国出口的棉纱交易额只有 122 万英镑，不到对中国出口总额的 10%。中印之间的鸦片贸易，原本是 19 世纪上半叶出现的一种联结"英属印度—中国—英国"三国的三角贸易。进入 19 世纪下半叶以后，鸦片贸易在犹太商人沙逊以及华侨、印侨等亚裔商人的经营下获得了进一步发展，形成了一个经由东南亚英属海峡殖民地和新加坡联结英属印度和中国的新贸易通商网络。

到了 19 世纪末的 1898 年，英属印度对中国出口货物的情形发生了颠覆性变化。棉纱的出口额上升到了 417 万英镑，而鸦片的出口额却跌到了 357 万英镑，也就是说，鸦片和棉纱的出口地位出现了逆转。

[167]

自新旧世纪交替时期以来，所谓"棉纺织业基轴体制"成了维持亚洲区域贸易发展的主要支柱。因为以"英属印度的棉花生产—日本和印度的近代棉纺织业—中国的手工棉布生产—粗纱和厚粗布的消费"这一生产和消费链为中心，亚洲区域贸易中将近一半的环节都与棉纺织业相关。具体过程如下：纺好的棉纱被出口到中国，中国匠人用手动织布机将进口的棉纱织成布匹，之后再被投入到广大的国内市场上销售。在这一条连锁链中，印度的棉花和机纺棉纱对东亚市场的出口也发挥着重要的作用。

在由英国强行推进的自由贸易体制之下，1913 年亚洲区域贸易的总额虽然达到了约 1 亿 6 730 万英镑，只相当于对欧美贸易总额的 80% 左右，但是它的增长率却超过了对欧美贸易。从 1883 年到 1913 年的 30 多年间，年平均增长率达到了 5.5%。

亚洲区域贸易的发展与印度棉纺织业

我们在此将重新考察一下 19 世纪下半叶印度棉纺织业的发展在世界历史上的意义。

在人们的一般印象中，处于殖民统治之下的非欧地区的工业化进程遭到了严重阻碍。这种观点的典型代表，就是卡尔·马克思关于印度的论述。根据马克思的说法，18 世纪下半叶到 19 世纪初，在东印度公司统治之下的印度（孟加拉地区），由于英国统治当局强制推行殖民地化的高压政策，使得当地原先具有压倒性国际竞争力的棉纺织业丧失了出口市场，陷入了毁灭性困境之中；与此相反，曼彻斯特生产的英国棉纱和棉布的出口量急剧增加，席卷了印度市场；在棉业领域中，英国和印度的地位彻底地发生了逆转。 [168]

在英属印度，虽然处在英国的殖民统治之下，但是近代机械化的棉纺织业，在当地资本的支持下也逐渐地发展起来；不仅如此，作为固有产业的传统棉业也同时继续存在。

在孟买，最早创办机器纺织工厂的印度资本家，可以追溯到 1854 年的帕尔西商人。然而，促使印度棉纺织业大发展的契机，却是 1860 年代前半期的美国南北战争所造成"棉荒"（美国南部各州的棉花供给断绝）和作为替代供给源的"印度棉花热"。

当地的贸易商在棉花交易中获得巨额利润以后，转而开始投资机器纺织业。迄至 1870 年代，以孟买为中心的印度棉纺织业，已经发展成为向国内手工织布匠人提供低支粗纱的"内需主导型"产业。1880 年，已经拥有 58 家工厂，雇用工人 4 万人；到 1914 年，工厂数量达到了 271 家，雇用工人共有 26 万人之多。

进入 1880 年代以后，印度棉纺织业产品开始向东亚的中国和日本市场出口。实际上，早在 1870 年代末期，印度向中国出口的棉纱数量已经超过了英国生产的棉纱；20 世纪初，孟买棉纱出口量的 90%、产量的 60% 都被投放到了中国市场。英国曼彻斯特生产的棉纱，曾经是世界上爆发最早的工业革命的支柱，却没有能够抵抗住亚洲内部的竞争对手，早早地败下阵来。中国市场上出现的英印棉纱地位的逆转现象，在很大程度上与我们在前文中提到过的两个因素有关：一是国际白银价格的下跌，二是由于印度卢比价值的相对低下而造成的货币贬值效果（图 15）。

　　在第一次世界大战之前的中国，手工织布生产中所使用的机纺棉纱，大部分都是印度棉纱。只是从进入新旧世纪交替时期开始，它与最新加入亚洲市场的日本棉纱之间的竞争变得日益激烈起来。不久之后，随着以上海为中心的中国近代纺织业的发展，英属印

[169]

[170]

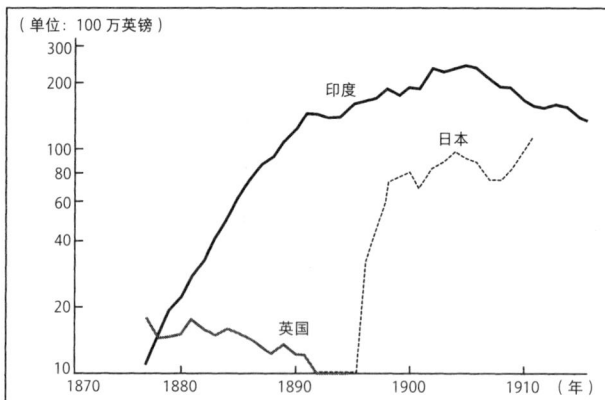

图 15　英、印、日对华棉纱输出（1877—1913 年）
（注）取三年移动平均值。仅 1877 年取单年值
引自：小池贤治《经营代理制度论》，亚洲经济研究所，1979 年

度、日本、中国本土围绕着中国棉纱市场所展开的"亚洲区域竞争"
（intra-Asian competition）变得更加激烈。

在新旧世纪交替时期，伴随着印度和日本纺织业的发展，印度
棉花产量的 37% 供印度国内消费，23% 向日本出口，在亚洲内部的
消费量开始超过向欧美市场的出口量。到 1913 年，印度国内的消费
量和对日本的出口量分别达到了 41% 和 28%，所占比例进一步上升。

至于印度的棉布生产，它的出口量尽管没有棉纱多，但是在海
外的需求量却也在逐年增加。印度棉布的出口地区，就其广义范围
而言是"环印度洋世界"，具体而言就是英属海峡殖民地、锡兰、
波斯湾沿岸地区、红海沿岸地区以及东非各地区。这样一来，作为
以棉纺织业为中心，逐渐在有限的领域内推进地区工业化的英属印
度工业制品的出口市场，中国市场和环印度洋世界的重要性日益
提高。

综上所述，英属印度在亚洲区域贸易中的出口额，占 1883 年
出口总额的 26%，共计 1 702 万英镑（当年对欧美的出口额占总额
的 68%，共计 4 445 万英镑）；占 1898 年出口总额的 31%，共计
2 093 万英镑（同年对欧美的出口额占总额的 63%，共计 4 271 万英
镑）；占 1913 年出口总额的 29%，共计 4 185 万英镑（同年对欧美
的出口额占总额的 63%，共计 9 601 万英镑）。由此可见，在 19 世
纪末，印度出口贸易的 30% 左右是面向亚洲各地区的。

亚洲区域贸易的发展，与英国积极推行的自由贸易帝国主义并
非毫无关系。作为亚洲内部的一种国际分工体制，亚洲区域贸易中
虽然也存在着强制推行自由贸易（通过不平等条约）的情形，但是

[171]

英国在全世界构筑起来的自由贸易体制本身，恰恰就是亚洲区域贸易形成过程中不可或缺的要素之一。

在东南亚地区，从大阪和神户进口的生活日用品，是农民以及移民劳工日常生活中的必需品。譬如，在海峡殖民地（英属马来亚），从 19 世纪末开始，作为欧美各国所需要的工业原料，天然橡胶和锡的出口量逐年增加。在这个过程中，大量来自中国和英属印度的移民劳工成了当地橡胶种植园和锡矿的主要生产者。他们有一定的收入，对生活日用品的消费需求量也就日益增加。不仅是来自缅甸和泰国的大米，来自爪哇的蔗糖等食品的进口，而且来自大阪和神户的生活日用品的进口量同时也在增加，各地区之间紧密的经济联系已经形成。到了新旧世纪交替时期，亚洲区域贸易的发展，已经成为包括对欧美各国的原材料出口在内的世界经济整体发展的一个组成部分。

中国的外债发行与汇丰银行

19 世纪到 20 世纪的过渡时期，因 1894—1895 年中日甲午战争而开始发端的日本殖民帝国的形成，导致东亚的国际秩序发生了很大的变化。甲午战争成了欧美列强在中国争夺势力范围的导火索，对于英国而言，也意味着又一次通过非正式的金融服务行业来扩大自己影响力的大好机会的到来。

长期以来，由于清朝政府对募集外债的做法一直持消极态度，因而从 1874—1895 年间的外债发行额只有 1 200 万英镑。然而，作为因甲午战争的失败而必须支付的 2 亿两白银（约合 3 800 万英镑）

[172]

战争赔款的财源，清朝政府不得不选择了发行外债这一条路。

此时，与伦敦金融城关系密切的汇丰银行的副总裁 C. 阿迪斯以合作者的姿态出现在世人面前。根据阿迪斯的设想，一方面要继续维持北京中央政府的政治权威并保全中国的领土；另一方面则要通过实施英国所主导的"有责借款"计划，扩大英国对中国的影响力。围绕着如何接受中国借款的问题，英国与德国以及俄国之间展开了激烈的国际竞争。在这个过程中，获得英国外交部支持的汇丰银行，答应从 1896 年到 1900 年的 5 年间，向清朝政府提供总额为 3 200 万英镑的巨额资金贷款。

进入 20 世纪以后，英国对清朝政府的借款一直还在缓慢地增加，1902—1914 年间，借款总额竟然增加了 1 倍。在这期间，鉴于英国外交部和财政部的压力，英格兰银行也曾经买过中国的债券。由于中国外债的销售状况不错，因而在北京国际金融市场上的信用非常良好。在这样的形势下，汇丰银行的收益也随之迅速增加。

围绕着如何接受中国借款而展开的竞争，是与有关铁路建设和 [173] 矿山开采的专利权的争夺战同时进行的。这种争夺战，实际上反映出各方面为了保证中国债券的安全而努力追加财源的必要性。之所以这样说，是因为直到新旧世纪交替时期为止，英国一直独享中国海关的关税收入并把它作为发行外债的担保，现如今作为大规模借款的抵押保证，就必须获得新的收入来源。

英国在长江流域拥有广阔的势力范围，同时还打着"门户开放"的旗号，在其他地区捞取各种利益。英国的这种做法，在某种程度上，阻止了相互竞争中的列强建立排他性的势力范围及其对中国领土的瓜分。在这一过程中，一些新的投资集团和银行团在伦敦金融界的直接援助之下相继成立。在 1898 年成立的中英公司的运营过程中，汇丰银行与怡和洋行这两大外资企业互相协力，发挥了主力军的作用。此外，代表伦敦金融城利益的商业银行家的罗斯柴尔德商行和巴林商行也积极参与其中。不仅如此，1897 年成立的北京辛迪加和 1901 年成立的扬子江公司，也采取了与上述企业同样的做法。对于这些民间企业攫获各种专利权的行为，英国外交部都给予了全力的支持。

从非正式帝国到新合作者——日英同盟

[174]

新旧世纪交替时期的日本，有效地利用了霸权国家——英国所提供的各种经济性基础设施以及资本（广义的国际公益）、技术、信息等有利条件，在"富国强兵"和"殖产兴业"方针的引导下，积极地扩充国力，推进本国的近代化。到了 19 世纪末，日英关系也发生了变化，逐渐地摆脱了过去那种非正式帝国模式的影响，进而形成了紧密的合作关系。

首先，从国际金融方面来看，1897 年，日本废除了日元货币的银本位制，改行金本位制。为了实现这一历史性转变，日本政府把从中国得到的甲午战争赔款 2 亿两白银（约合 3 800 万英镑，3 亿 1 000 万日元），作为准备金寄存到了伦敦的英格兰银行。对于英格兰银行来说，日本的黄金也就成了宝贵的黄金储备。

其次，从政治外交方面来看，1902 年两国缔结了日英同盟。对于日本政府而言，在东亚地区与俄罗斯帝国处于外交和军事全面对立（特别是后来爆发日俄战争）的形势下，同盟国的重要性是不言而喻的。对于英国政府而言，在中亚大陆上与俄国展开"大博弈"的形势下，与日本有了一个共同的假想敌。

另外，正如我们已经介绍过的那样，新旧世纪交替时期的英国，同时面临着南非战争（第二次布尔战争）和中国的义和团运动，在军事和外交方面感到了孤立。在整个南非战争期间，国际舆论都对布尔人表示了同情和好感，尤其是对战争后半期英军在应对游击战的时候所采取的一些措施（破坏农场、设立强制收容所等）展开了批判，使得英国陷入了外交孤立的境地，最后只是争取到了美国的消极支持而已。在这样的国际困境之中，英国政府不得不重新审视 [175] 并放弃"光荣孤立"（splendid isolation）这一作为"英国的和平"之象征的外交政策，转而在军事和外交方面寻求新的同盟国。

1901 年，英国政府借助于亲英舆论的宣传造势，与美国签订了《海约翰－庞斯福特条约》。英国不仅在英美两国之间存在争议的委内瑞拉国界划分和建造巴拿马运河问题上做出了让步，而且还把加勒比海地区的控制权让给了美国，以此为代价建立起英美两国的协调体制。

紧接着，1902 年，在统一党内阁的外务大臣兰斯道恩的主导下缔结了日英同盟，正式放弃了"光荣孤立"政策。这个同盟既强化了义和团运动以来英日之间的友好关系，同时也反映出英日两国为了阻止俄国在东亚地区的领土扩张步伐而携手合作的共同战略意愿。对于霸权国家——英国而言，缔结英日同盟也就意味着英国已经从根本上修正了传统的"光荣孤立"政策，转而走上了与列强结盟的道路，可以说这是一个重要的历史决断。

由于实现了这个转变，英国政府就可以把原先派往东亚海域的军舰召回到本国周边海域，从而也就能够积极地应对德国的军备竞赛。原来因 1882 年占领埃及以及 1898 年发生在尼罗河上游的法绍达事件等，在瓜分非洲问题上严重对立的英法关系，也在共同面临德国的海外扩张威胁的形势下急速好转。1904 年，英法两国签署了 [176] 《英法协约》。根据协议的规定，两国互相承认了对方在非洲的优先地位（即法国承认英国在埃及的优先地位，英国承认法国在摩洛哥的优先地位），调整了双方的利益。

由此可见，正是日英同盟的缔结，为英帝国外交战略的大调整提供了契机。因此，从 1902 年到第一次世界大战后的 1922 年之间，日英同盟更新了两次。在这样的同盟框架之下，英国不可能再把日本定位为自己的非正式帝国。新旧世纪交替时期的日本，就这样作为霸权国家——英国的新合作者，从英国那里得到了各种形式的援助和支持，在构筑近代国家体制和形成日本帝国的道路上迅速迈进。日英两国亲密关系的典型表现就体现在 1904—1905 年的日俄战争。

日俄战争与伦敦金融城——日本的外债发行

从军事方面来看，1905 年在日本海大海战中歼灭俄国波罗的海舰队的日本联合舰队的主力舰，以旗舰"三笠"号为首，都是新旧世纪交替时期在英国建造的当时最先进的战列舰和巡洋舰。尤其是从 1880 年代开始，在英格兰东北部的工业城市纽卡斯尔，阿姆斯特朗公司的造船厂为日本帝国海军建造了多艘战列舰和巡洋舰。阿姆斯特朗公司的军舰，虽然作为纯粹的民间交易商品销往世界各地，但是最大的海外出口市场是日本。到 1913 年为止，共向日本出口 13 艘舰船，总吨位达到了 10 万吨左右。急于扩充海军力量的日本，拥有最先进的造舰技术，并积极地向海外市场谋求生路的阿姆斯特朗公司，不惜缔结英日同盟的英国亲日的外交政策，当这三方面的条件相互交集的时候，日本的英制联合舰队才有能力与俄国海军对峙。甚至连日本海军的机构以及士兵的训练制度（江田岛上的"海军兵学校"），都是从英国引进并效仿英国皇家海军而建立起来的。

[177]

在全力扩充军备的同时，对于日本政府而言，如何筹措军费这一财政问题也成了棘手的难题。中日甲午战争之后的 1897 年，日本开始实行金本位制。然而，在后来工业化急速发展的过程中，日本的对外贸易经常处于入超状态；尤其是在全国上下都感到与俄国的战事将不可避免的时候，足以支撑战争继续下去的财政基础和资金的严重匮乏，就成为日本政府不得不面对的现实困境。在增强军事力量的同时，军费却必须从海外筹集。

作为一种筹集军费的具体手段，日本政府只好到当时世界上最大的国际金融市场——伦敦金融城的金融市场上去发行政府外债。与此同时，俄国也在尝试着从伦敦金融市场筹集资金。可见，日俄两国之间的争斗不仅表现为陆海军的战争，同样也表现为以国际金融市场为舞台的金融战。

日本政府最初希望英国政府为日本发行外债做担保，并让驻英公使林董与英国外交大臣兰斯道恩进行了直接接触，但是英国方面以保持中立为由，拒绝了日本方面的要求。

　　为了打开局面，1904 年 2 月，日本银行副总裁高桥是清作为日本政府的特别代表出访伦敦，任务是与金融城的金融界进行具体交涉，为日本政府能够在此发行外债广结人脉。在这个过程中，日英同盟也发挥了作用。高桥是清在伦敦金融城积极争取民间金融资本家的支持，尤其是在专门经营与亚洲各国相关的国际金融业务的 A. 卡塞尔的介绍下，得到了犹太裔的巴林商行等金融机构的帮助。1904 年 5 月，日本在伦敦和纽约的金融市场上，成功地发行了共计 1 000 万英镑的外债。

　　紧接着，日本政府利用商业银行的国际网络，在国际金融市场上又连续发行了 4 次外债，总额达到了 1 亿零 700 万英镑。其中，在伦敦金融市场发行的外债数额，约占外债发行总额的 40%，达到 4 250 万英镑（图 16）。

图 16　在伦敦发行的日本政府外债（1905 年）：日本政府为筹集日俄战争的军费在伦敦发行的外债。年利为 4%，商业银行罗斯柴尔德商行具保（罗斯柴尔德档案馆所藏）

与此相反,俄国政府由于在国内实行了迫害犹太裔居民的政策,同时还爆发了革命运动(第一次俄国革命),因而试图在伦敦金融城发行外债的要求遭到了拒绝,以致没有达到通过外债筹集军费的目的。[179]

在赢得这场金融战的过程中,以日英同盟为背景的英国对日本的友好感情,也发挥了巨大的作用。日本虽然已经被英国定位为重要的同盟国,但是在金融方面依然隶属于伦敦金融城。因此,只有间接地获得了金融城的援助,日本政府才能够保证战时经济的正常运行,日俄战争之后日本经济的近代化步伐和工业发展才有了加速的可能。

对于积极寻求有利的海外投资对象的伦敦金融城的金融集团而言,日本政府发行外债也是一种增加收益的绝好机会。日本作为一个新兴的工业国家,有着旺盛的资金需求。金融城选择日本作为投资对象,也能够强化自己在国际金融市场中的优势地位。从1900年到1913年期间,日本通过发行外债所获得的大规模资本输入额,在伦敦发行的各种外债总额中占了约20%。另外,对于维持英国的多边贸易结算体制来说,日英之间这种密切的金融关系也具有重要的意义。由此可见,在新旧世纪交替时期,日英两国之间已经形成了多样化和多层次化的互补关系。

从这一时期日本产业的情况来看,以向中国市场出口的棉纱为代表的消费品生产,呈现出大幅度增长的态势。在中国这个最大的棉纱市场上,英属印度的孟买所生产的棉纱与日本大阪所生产的棉纱,展开了激烈的出口竞争(亚洲区域竞争)。外债的发行,缓和

[180] 了民间行业领域对资金需求的压力，同时也间接地促进了消费品行业的发展。日本纺织业的发展，仅从向亚洲各国出口棉纺织品这一点来看，确实与英国形成了竞争关系。然而，从英国纺织机械以及金属制品等生产资料的对日出口来看，尤其是从最先进的军舰和武器的对日出口来看，日本的工业化和经济发展，对于英国而言是值得欢迎的。

从作为霸权国家的英国经济结构来看，它的金融服务行业以及生产资料产业，与日本的消费品产业的发展是相互补充的；对于作为正式帝国的印度而言，如果印度棉花对日本的出口量增加的话，它就能够比较轻松地赚取外汇（英镑）来偿还英国的债务。从这个意义上说，英国促进了日本的工业化，而"通商国家"日本的发展，又完全有利于整个英帝国。这样的关系，不久以后也出现在两次世界大战期间的中国。说到底，东亚地区的工业化，与以伦敦金融城为中心的金融服务利益集团的优势地位（豪绅资本主义），这两者是在互相依存中共同发展的。

5. 英帝国的软实力

基督教海外传教协会与帝国

作为霸权国家的英国，它的影响力不仅体现在政治和经济方面，
[181] 而且波及文化和意识形态层面。其中最具有代表性的就是"基督教宣道会"（基督教海外传教协会）的活动。

18 世纪末到 19 世纪初，在福音主义思潮日益高涨的形势下，

许多传教协会相继成立。他们打着"文明化使命"（civilization mission）的旗号传播基督教，传教范围远远超出了帝国的疆域，足迹遍布世界各地区。在这些传教协会中，属于英国国教会系统的只有 1799 年成立的英国国教会传教协会这一家，其他的像浸礼会传道协会（1792 年）、伦敦传教协会（1795 年）、卫理公会传教协会（1813年）、长老派传教协会（1825 年）等等，几乎都是非国教会系统的组织。

英国的这些传教协会在海外的活动，从 1840 年代以后逐渐地走上了正轨，也是与英国积极地推动自由贸易帝国主义政策的步伐互相策应的。譬如，在作为非正式帝国的中国，基督教传教活动的自由化，是从第二次鸦片战争以后签订的中英《天津条约》（1858 年）开始的，是典型的炮舰外交的结果。

英国殖民地政府或实业界，与传教协会之间的关系十分微妙。举例而言，从东印度公司统治的时代开始，英属印度的殖民事务管理当局，就把基督教传教协会的活动视为破坏当地社会传统秩序的行为，长期以来一直持批判态度。

与此相反，1834 年帝国境内的奴隶制度被废除以后，西非地区反而成了传教协会大显身手的舞台，受到了广泛的关注。在这个过程中，反奴隶制运动的活动家 T. 巴克斯通却成了核心人物。

为了在废除奴隶制度以后继续开展反奴隶制运动，巴克斯通积极倡导在作为黑奴供给源头的西非各地区实行社会改革。在他看来，这种社会改革的前提条件，就是要改造西非地区的经济结构，使它不再依赖于奴隶贸易。因此，在传教协会开展活动的地区，为了用

[182]

所谓"合法贸易"取代奴隶贸易，他在鼓励基督教会开展传教活动的同时，积极地引进棕榈油和棉花的栽培技术，并对栽培者实行奖励。传教协会在西非的尼日尔河流域开展传教活动的愿望，与英国利物浦商人（正在谋划着如何扩大棕榈油等新兴原材料的出口规模）的经济利益也是不谋而合的。于是，传教士和商人往往采取共同行动，频繁地向当地人施加压力。

到了19世纪末，各传教协会为了配合自己的传教活动，纷纷致力于当地的英语教育和医疗卫生活动，在非欧世界的各个地区中，把自己的影响力深入到了当地民众的社会生活之中。尤其是各传教协会设立的教会学校和高等教育机构，吸引了当地社会中的优秀青年，成了培养一代又一代殖民地精英的"工作母机"。这些接受过英语教育的当地精英阶层，同时也接受了英语教育中所附带的西方价值观（议会制民主主义、自由主义式个人主义等等），无论是在正式帝国还是在非正式帝国，都成为亲英派"合作集团"（collaborators），发挥了极大的作用。当然，在这些人中间，后来也出现了不少反对英国殖民统治的民族运动领袖人物。海外传教协

[183]

会通过与亲英派合作者的协调，对当地施加影响，成了20世纪英国实施帝国统治的趋势，也关系到英国能否继续对世界产生影响力。从这个意义上说，海外传教协会的活动代表了英国作为霸权国家的一种"软实力"。

人员的流动与帝国臣民

英帝国的另一项"软实力"，是强调帝国一体化的整体框架，

因为这个框架能够保障人员在帝国内部的自由流动。

　　在英国确立起来的世界性自由贸易体制（自由贸易帝国）之下，印度商人（印侨）也能够积极地向东南亚和环印度洋地区扩展自己的势力，建立起一套自成体系的通商网络。在这个网络之中，囊括了"人员""物资""金钱""信息"等各个方面之间的相互联系。譬如，取代奴隶劳动力的印度契约移民雇工，也是其中的一个组成部分。在经营印度棉花出口业务的贸易商中，不仅有拉里兄弟集团等多边贸易商，还有从事大阪的印度棉花进口业务的孟买贸易商——帕尔西教徒塔塔家族。另外，在新旧世纪交替时期，作为南印度泰米尔地区的商业联合团体，切蒂亚尔也把自己的活动范围伸展到了英属海峡殖民地、缅甸、锡兰（今斯里兰卡）等地，从事金融业务和经营种植园。这种印度商人的商贸网络，经由香港、上海以及新加坡，一直伸展到日本的神户。直到今天神户还有清真寺，就是这段历史记忆的标志。 [184]

　　印度商人涉足环印度洋世界中南非地区的贸易活动，印度契约移民雇工取代南非当地的奴隶劳动力，这些也是英帝国体制与印度本地利益之间的共存关系或相互依存关系的具体反映。从 1860 年代起，纳塔尔殖民地开始从印度引进契约移民雇工。迄至 1910 年代，共计为 15 万人左右。从 1870 年代以后，个体印度贸易商人开始来到南非经商，涉足生活必需品的供给业务和南非内陆地区的流通行业。这种印度移民对英国农庄主和金矿开采业主所提供的劳动力服务，对于殖民地经济的开发而言，也是一种不可或缺的因素，因而直到 1890 年代为止其都受到了当地的欢迎。

20 世纪印度独立运动的领袖 M. 甘地，在第一次世界大战之前一直是南非的一名法庭辩护律师，积极地为当地的印度移民争取正当权利。令人感到意外的是，甘地的这段经历却很少有人知道。从 1888 年 9 月到 1891 年 6 月，甘地赴英国伦敦留学，为了取得法庭辩护律师的资格，在内殿律师学院学习了将近 3 年。在当时的英国，法庭辩护律师是一种具有高级知识的专业职务，作为比照"绅士"标准而设立的职业，受到了社会的广泛认可和好评。对于受过英语教育的殖民地精英们而言，法庭辩护律师的资格就是立身处世的重要手段。

[185] 1891 年，取得了法庭辩护律师资格的甘地虽然回到了故乡印度，但是作为律师的职业活动却并不尽如人意。1893 年，纳塔尔殖民地德班的印度贸易商，专门邀请甘地去帮忙打一场与金钱纠纷相关的诉讼官司，于是他欣然动身前往德班。从此直到 1914 年 7 月，甘地在南非滞留了将近 21 年的时间，专门帮助当地的印度移民维护自己的正当权益，迅速博得了良好的名声（图 17）。

图 17 甘地在约翰内斯堡的律师事务所里（坐在中间座位上的是甘地），作为法庭辩护律师的甘地的年收入为 5 000 英镑。同时，他的事务所也成为南非地区"非暴力不合作"运动的据点

当时的纳塔尔，是一个刚刚建立责任政府（1893 年 7 月）的自治殖民地。当地的主要经济产业是甘蔗种植园，作为契约雇工主力军的印度移民劳工就是经济发展的支柱。根据 1895 年印度移民治安官的报告书记载，在纳塔尔总共有 46 343 名印度移民，其中契约期满获得自由身份的劳工人数竟有 30 303 名，另外还有约 5 000 名是自愿来此经商的商人。换而言之，在 1895 年这个时间节点上，共有大约 35 000 名印度居民，作为"英帝国臣民"（British imperial subjects）居住在纳塔尔。纳塔尔立法议会的选举，是根据财产所有状况而进行的有限选举制。在 1895 年的时候，来自欧洲的白人居民中拥有选举权的人数为 9 309 名；相比之下，来自印度的居民中拥有选举权的人数仅为 251 名，而且商人占了其中的 60%，专门职业人员占了 20%。 [186]

这里所谓的"英帝国的臣民"，是从 18 世纪开始一直沿用下来的英帝国特有的概念，不同于近代国民国家的"国籍"（nationality）。具有全球性规模的英帝国中的正式帝国的居民，无论其种族和肤色如何，保证都能够自由地在包括英国本土在内的帝国各地迁徙、居住和工作。依据这种法律的惯例，帝国臣民享有迁徙和居住的自由，英国政府对此始终以帝国信誉的名义提供了相应的保障。因此，帝国各地的非欧裔居民都在行使帝国臣民的权利，只要是在正式帝国内部的范围之中，他们都能够自由地迁徙和流动。在同一时期的其他殖民帝国以及国民国家中，这种迁徙和居住的自由是不存在的。这就是一种特权，非欧裔居民为了自己的利益，充分地享受了这种特权。

青年时代的甘地，之所以能够作为一名法庭辩护律师，在南非的纳塔尔为维护印度商人的权利而展开了卓有成效的工作，后来又能够作为印度民族运动的领袖而大显身手，都是因为他能够有效地运用英帝国中的正式帝国的相互关联理论和帝国臣民的理论，为自己找到了借势发力的法律依据。

[187]　1893 年 5 月末的一天，刚到达德班后不久的甘地，因诉讼案件的需要而乘坐火车前往比勒陀利亚。在这趟列车上，他遭遇了明目张胆的种族歧视，激起了他心中对种族主义的强烈反感。从此以后，甘地运用作为法庭辩护律师的专业知识，从帝国臣民的理论中寻找法律依据，认为纳塔尔自治政府和后来的南非联邦政府（1910 年成立）所实行的种族歧视政策是一种"非英国的"（un-British）政策，由此展开了猛烈而持续的批判。

然而，进入 20 世纪以后，由于种族主义势力的不断强化，白人自治殖民地开始逐渐地实行排斥有色人种移民的种族歧视政策。1901 年澳大利亚联邦政府开始实行的"白澳政策"，就是其中的典型事例。

第三章

非殖民化与英联邦

1. 从帝国到自治领国家，再到英联邦

殖民地会议·帝国会议与自治领国家的诞生

　　20 世纪英帝国史的基调，就是正式帝国走向重组（向英联邦的过渡）和解体（非殖民化），英国在世界上的影响力下降。

　　帝国结构的重组，始于 19 世纪末白人自治领国家内殖民地民族主义情绪的兴起，以及所谓"自治领国家"（Dominion）这一概念的诞生。定期召开的殖民地会议，虽然已经成为英国本土与自治领国家政府之间的协商机构，但是它最早却与英国王室的庆典活动密切相关。

　　维多利亚女王（1837—1901 年在位）统治时期的 19 世纪末，在伦敦举行过两次女王登基纪念庆典。1887 年举行的"登基 50 周年纪念庆典"，使英国国民看到了一个家长式君主的女王形象。在举办这次庆典的同时，召开了由自治领国家代表参加的殖民地会议。 [190]

　　然而，1897 年 6 月年举行的"登基 60 周年纪念庆典"，则变成了向全世界展示英帝国的威望与整体性的盛大庆典仪式。

　　在伦敦市区举行的庆祝大游行的队伍中，除了女王本人和各国君主的身影之外，还有 5 万名来自帝国各地的军人和警察，他们的

民族和肤色不同，却一律身着帝国戎装。普通民众聚集在伦敦街头，实实在在地感受着帝国的多样性和广阔性，爱国热情空前高涨。就连大众娱乐场所音乐厅内，也上演了体现帝国的荣光与和谐的戏剧（图18）。

19世纪末举行的这两次女王登基纪念庆典，强烈地激发了英国国民身为统治世界的大帝国之一员的自豪感及其"帝国意识"。

1877年1月，在德里为庆祝维多利亚女王兼任印度女皇而举行的盛大朝拜典礼，是英国政府企图利用王室进行帝国统治的首次尝试。从此以后，在英帝国的各个地区，无论是白人移民定居的自治殖民地，还是对异民族实施统治的隶属殖民地，为了争取当地精英阶层对帝国的忠心，英国王室成为被频繁利用的对象。爱德华七世的加冕典礼（1902年）和乔治五世的加冕典礼（1911年），随着王

图18　维多利亚女王登基60周年纪念庆典：驾临圣保罗大教堂的维多利亚女王
为了展示帝国的整体性，印度军人、锡克士兵等来自帝国各地的许多当地士兵都参加了庆典活动

室成员在帝国各地的巡访，都成了向全世界展示英帝国之整体性的 [191]
绝佳良机。

　　然而，正如我们在第二章中叙述的那样，1895 年，张伯伦就任
统一党内阁的殖民大臣之后，立即积极地着手推动帝国的扩张政策。
他计划实现一种像加拿大联邦那样的英帝国的整体化状态，尤其是
致力于创建一个在与白人自治领国家紧密合作基础上的帝国联合体。
根据他的规划，在这个帝国联合体中，英国本土与自治领国家根据
互惠原则，实行帝国内部的自由贸易（自治领国家方面废除进口关
税），以及在粮食和原料进口方面的帝国特惠政策；与此同时，要
求自治领国家分担帝国的防务经费，英国本土与自治领国家建立军
事同盟。然而，在 1897 年的第 2 届殖民地会议上，张伯伦提出的这
份帝国联合设想方案遭到了自治领国家方面的否决，因为他们不愿
意分担防务经费，并且担心自治权会因此而受到侵害。 [192]

　　在这种推诿不决的过程中，进入 20 世纪之后，事态发生了新的
变化：自治领国家方面相继实现了联邦化。

　　1901 年，6 个自治领国家统一结成澳大利亚联邦，全面实施以
排挤非白人裔移民为首要内容的"白澳政策"。1902 年，在为配合
爱德华七世的加冕典礼而召开的第 3 届殖民地会议上，澳大利亚和
新西兰承诺了向帝国海军的捐款。

　　在南非，自治领统治者一方面积极寻求与南非白人（布尔人）
的和解，另一方面则在已获得自治权的原德兰士瓦共和国和原奥兰
治自由邦的基础上，外加开普殖民地和纳塔尔殖民地，于 1910 年组
成了南非联邦。与此同时，以南非白人为主体的白人的优越地位也

从法律上被制度化，从而确立了日后种族隔离政策的雏形。

从帝国贸易政策领域而言，在 1907 年召开的第 4 届殖民地会议（从本届起改称"帝国会议"）上，一直被争论不休的帝国特惠问题，再次成为争论的焦点。在 1906 年的英国议会大选中，誓言要维持自由贸易政策的自由党大获全胜，因而英国方面的基本方针是明确的。在这次帝国会议上，印度当局为了能够继续通过向欧美各国出口原材料而获得贸易利润，并以此偿还英国本土的债务，因而反对帝国特惠政策，"帝国特惠论"也就因此而宣告破产。自这次会议起，所有获得自治权的殖民地一律被称作"自治领国家"，开始探索与英国本土的对等关系。

[193]

不仅如此，1911 年，在为配合乔治五世的加冕典礼而召开的第 5 届帝国会议上，由海军引发的帝国防务问题成了讨论的重点。英国政府继续要求自治领国家方面能够分担防务经费，加拿大和澳大利亚却提出了建立独立的海军部队（与英国海军分属不同指挥系统的单独舰队）的要求，而且获得了认可。另外，各自治领国家还派代表参加了设在英国本土的"帝国防务委员会"（1902 年创建），参与关于防务问题的讨论，开始承担起英帝国防务的一个方面。

迄至第一次世界大战的爆发，英国与各自治领国家，以帝国会议为平台，在对等原则的前提下互相合作、协调行动的行为模式，已经成为既定的事实。

第一次世界大战与帝国的战争合作——印度军队的海外派兵

1914 年 7 月末第一次世界大战的爆发和帝国的战时合作，成了帝国重组的契机。第一次世界大战不仅改变了英帝国的结构，而且也刺激了非欧世界的民族主义情绪，在很大程度上扭转了世界历史潮流的走向。

1914 年 8 月 4 日，英国国王乔治五世向德国宣战。这是一次超越帝国各地区殖民地政府和居民意志，代表整个英帝国的宣战行为。除了拥有亲德派南非白人居民的南非联邦之外，其他所有的自治领国家即刻同意英国政府的决定，并迅速集结军队，出兵参战。其中，加拿大出兵 458 000 人，澳大利亚出兵 331 000 人，新西兰出兵 112 000 人，后来南非也出兵 76 000 人。就结果而言，自治领国家的战争合作行为，进一步提高了他们相对于英国的自主性。一直到大战爆发前夜还在因自治法案问题而纠纷不断的爱尔兰，在整个大战期间也都将自治问题搁置起来，而且还有许多义勇军士兵积极加入了英国军队。 [194]

然而，战争动员规模最大的是英属印度，派兵参战人数最多的是从 19 世纪起就成为帝国扩张的急先锋的印度军队。1914 年大战爆发之时，印度军队的兵员总数约为 20 万人，其中战斗人员为 155 000 人，非战斗人员为 45 000 人。随着战争的爆发，印度军队作为英帝国的战争应急反应部队，先后被派往东非、波斯湾沿岸地区，以及埃及、法国等地。原来驻扎在印度的英军步兵营和炮兵部队，除了 9 营之外全部被调往英国本土，由本土派来的国防义勇军部队负责接防。

随着战线的不断扩大，印军出征的区域也迅速扩展开来，涉及法国、比利时、巴勒斯坦、埃及、苏丹、喀麦隆、波斯等国家以及加里波利、萨洛尼卡、两河流域、亚丁、红海沿岸、索马里、东非、库尔德地区、里海沿岸、中国北部、英属印度西北和东北边境。迄至 1918 年 12 月末，在印度当地新增招募的军队人数合计约 144 万人，其中战斗人员为 877 000 人，非战斗人员为 563 000 人。通过第一次世界大战，印度军队的相关兵员人数扩大了 7 倍以上，其中大约有 1 096 000 名印度人，作为参战军人以及非战斗人员或劳务人员而被派往海外（图 19、表 2）。

表 2　第一次世界大战期间从印度动员的兵员数

派兵地域	战斗人员				非战斗人员 印度人	英国人计	印度人计	总计
	英国人将校	英国人兵士	印度下士官	印度人兵士				
法国	2 395	18 953	1 923	87 412	49 273	21 348	138 608	159 956
东非	928	4 681	848	33 835	13 021	5 609	47 704	53 313
美索不达米亚	18 669	166 828	9 514	317 142	348 735	185 497	675 391	860 888
埃及	3 188	17 071	2 208	107 743	34 075	20 259	144 026	164 285
加里波利	42	185	90	3 041	1 819	227	4 950	5 177
萨洛尼卡	86	851	132	6 545	3 254	937	9 931	10 868
亚丁	952	1 267	480	19 936	5 786	2 219	26 202	28 421
波斯湾	991	1 019	967	29 408	19 823	2 010	50 198	52 208
合计	27 251	210 855	16 162	605 062	475 786	238 106	1 097 010	1 335 116

〔注〕以上数字中不包括开战后很快被从印度招回英国本土的 42 430 名英国人将校和士兵。如此则总动员数为 1 377 546 人

引自：H. S. Bhatia(ed.), *Military History of British India, 1607—1947*, (Delhi, 1977)

尤其是在战争的后半阶段，在与中东地区的奥斯曼帝国进行作战的过程中，印军担任了战斗部队的主力任务。无论是在攻克伊拉克巴格达的战役中，还是在"阿拉伯的劳伦斯"大显身手的战场上，都有印军士兵的身影。另外，在欧洲的西部战线上，也有大

图 19 检阅尼泊尔族士兵的英军指挥官：第一次世界大战期间，印军特遣支队司令官 J. 威尔科克斯检阅由尼泊尔人组成的印军精锐部队——廓尔喀团

约 138 000 人的印度军人，被投入到了以白人为对手的战斗之中。新旧世纪交替时期的南非战争中，曾经出现过的白人优越感和对有色人种的偏见此时已被完全忽略，足以证明印军的战斗力已经得到了充分的认可。

由于拉锯式沟壕战和阵亡人数的增多，一部分印军部队也出现了士气低落的情况。然而，能够与身为殖民地统治者的英国军人一起参加近代战争，并肩与以白人为对手的敌军互相厮杀，这种事情本身足以成为那些被派往欧洲作战的印度士兵的自信和自豪，进一步激发了民族主义情绪的高涨。

关于军费的负担问题，第一次世界大战爆发后不久，印度的殖民事务管理当局就提出申请，要求承担被派往海外作战的印度军队的日常维持经费，并得到了英国议会的认可。除此之外，军队调离印度的移动经费（临时经费）、印度西北边境和海岸沿线的防务经费，以及由在阿拉伯半岛南端的亚丁展开作战行动所需要的各种经费等

[196]

[197] 等，共计约 7 800 万英镑也都从印度财政中支出。需要补充说明一点：作为"帝国通道"的重要据点，亚丁的日常防卫费用长期以来一直都是由印度财政承担的。不仅如此，1917 年初，印度的殖民事务管理当局，在征得印度立法参议会同意的基础上，特别献给英国政府 1 亿英镑的"自愿"捐款。在第一次世界大战中，印度总共承担了 2 亿 2 900 英镑的经费。

另一方面，由自治领国家澳大利亚和新西兰组成的联军（澳新军团），大战初期就被投入到加里波利（位于奥斯曼帝国的达达尼尔海峡）的登陆作战。这场由 W. 丘吉尔策划的登陆战最后以惨败收场，伤亡人数多达 33 000 人。尽管如此，澳新军团的浴血奋战促进了澳新两国民众的"国民意识"，他们登陆的日子——1915 年 4 月 25 日，现在作为"澳新军团日"而留在了人们的记忆之中。大战爆发之初，南非联邦虽然因国内南非白人的反对而在参战问题上持

[198] 谨慎态度，但是也趁着战争的机会，攻克了德国的殖民地西南非洲（纳米比亚）和坦噶尼喀，并将两地置于自己的统治之下。

随着战争的长期化态势的持续，从 1917 年 3 月开始直至战争结束，英国首相劳合·乔治多次召集帝国战时内阁并举行帝国战时会议，与各自治领国家一起协商军事战略和战后处理等问题。

作为英国的同盟国，日本也积极参战，相继攻克了德属南洋群岛和中国境内的德国租界青岛。与此同时，在英国政府的要求下，日本政府派遣驱逐舰前往地中海上的马耳他岛，协助"帝国通道"的防卫。1915 年，当驻防新加坡的印军步兵团发动叛乱之际，日本海军的巡洋舰也迅速前往，协助镇压了叛军。

爱尔兰自由邦的成立与 1919 年的《印度政府法》

正当战时合作顺利展开时，1916 年 4 月，在爱尔兰的都柏林爆发了震撼英帝国的武装起义。这就是反战派人士 J. 康诺利等激进的共和主义者领导的"复活节起义"。这次起义本身持续了一个星期的时间，在付出了约 450 人死亡的代价之后宣告失败。然而，英国政府过于残酷的善后处理方式（15 名起义领导人全都被军事法庭判处死刑），却激发了一般民众的反英情绪。复活节起义是一战期间唯一的一次发生在英国家门口的民族起义，向英国加入这场战争的动机（诸如让比利时等国家恢复中立等）的正当性提出了质疑。[199]

新芬党抓住了这次民众反英情绪高涨的机会，1917 年提出了独立纲领，并在 1918 年 12 月的议会大选中取得了压倒性胜利。他们拒绝出席英国威斯敏斯特议会召开的会议，在都柏林设立了独立的爱尔兰共和国议会，发表了独立宣言。与此同时，由 M. 柯林斯重组的爱尔兰义勇军，也积极展开了反英武装斗争。英国政府派遣以一战退役老兵为主体的部队（黑棕部队）前往镇压，双方之间展开了独立战争。经过了紧张的谈判之后，双方于 1921 年 12 月签订了《英爱条约》。

这个由劳合·乔治起草的条约规定，爱尔兰被分割为两部分：一是新教徒占据优势的北部 6 郡（阿尔斯塔），二是天主教徒占据优势的南部 26 郡。南部拥有独立的宪法和议会，与加拿大联邦和澳大利亚联邦一样，作为在英帝国内部享有自治权的自治领国家——"爱尔兰自由邦"（Irish Free State），获得形式上的独立。另外，北部的阿尔斯塔则作为联合王国内部的自治领国家,设立自治议会。这个条约是双方妥协的产物,成了日后引发北爱尔兰纠纷的主要原因。在南部,尽管为了是否批准《英爱条约》的问题而产生分裂并爆发了内战,然而1932年成立的德瓦勒拉政权,继续谋求废除作为自治领国家的地位,摆脱英帝国的控制而自立,无情地动摇了帝国英联邦体制。

[200]

另一方面,在一战中曾积极地给予英国大规模战时合作,并期待着战后能够获得自治的印度,于1919年重新制定和颁布了《印度政府法》。根据这部新法案,德里(1911年从加尔各答迁都到此)的印度殖民事务管理当局继续实行印度总督以及印度高级文官(ICS)的专权统治,地方的州政府则被允许部分地自治,实行所谓"双头政治"。更为重要的一点,作为对战时合作行动的补偿,印度殖民事务管理当局获得了实际上的关税自主权。就法律上而言,印度虽然是一个殖民地,但是印度当局为了重振财政秩序,可以酌情提高针对英国工业制品(棉纺织品)的进口关税率。作为东亚的主权国家,日本收回关税自主权的时间是1911年;中国则更晚一些,是1928年。如果考虑到这个事实,这次英国对印度的让步具有划时代的意义。因为它在经济和贸易政策方面,进一步提高了印度当局的自主性。

与此同时,根据1919年制定的《罗拉特法案》,英国政府进一步加强了对印度民族运动的镇压力度。在抗议这一法案的运动中,从南非回国的甘地开始了"非暴力不合作运动"。

1919年4月,在旁遮普地区的阿姆利则,发生了英国军官戴尔屠杀 379 名群众的事件。这一事件与发生在同一年的中国五四运动和朝鲜三一运动一样，促进了印度民族主义运动的高涨。迄至 1922年，甘地一直领导着早期的"非暴力不合作运动"。在这一过程中，他甚至还得到了少数派穆斯林的支持，印度国民会议派也转化为大众运动组织。 [201]

《威斯敏斯特条例》与帝国英联邦体制

　　作为帝国对战时合作成员的补偿，英国政府认可了所有自治领国家战后参加凡尔赛议和谈判的权利。不仅如此，自治领国家还获得了在《凡尔赛和约》上的独立签署权，而且在条约生效的问题上，也必须获得各自治领国家议会的批准。在战后新创立的国际联盟以及国际劳工组织（ILO）等各个国际组织，都承认了自治领国家的代表权。虽然这些自治领国家是在以英国作为"监护人"这一不正常的前提下参与国际事务的，但是它们都作为事实上的独立国家而登上了国际社会的大舞台。

　　与此同时，在第一次世界大战中攻占了德国殖民地的 3 个自治领国家的行动，都获得了国际联盟的正式认可。国际联盟将被占领的德属殖民地，作为托管领地委托给了相应的自治领国家：南非联邦得到了西南非洲，澳大利亚得到了新几内亚和俾斯麦群岛，新西兰得到了西萨摩亚。英国同样承担了对中东原奥斯曼帝国的属地（巴勒斯坦、外约旦、伊拉克）和非洲原德国属地（坦噶尼喀、喀麦隆）的托管统治。作为英国同盟国的日本，也以托管领地的名义获得了南洋群岛。美国总统威尔逊倡导的所谓"民族自决"原则，并没有被适用于广大的非欧地区，托管统治的实质与殖民统治毫无区别。

[202]

加上这些托管统治的领地，到了1920年代初期，英帝国的版图疆域达到了史无前例的地步。

另外，自治领国家也开始能够对英国的外交政策产生一定的影响了。在1921—1922年的华盛顿会议上，日英同盟的更新问题成了争议的焦点。英国政府以及澳大利亚、新西兰赞成更新续约，但是加拿大在美国的支持下，以日本对北太平洋和中国的威胁为理由，坚决主张废除日英同盟。最终的结果是，英国政府为了兼顾美国和加拿大两国的利益，废除了日英同盟，转而缔结了《四国条约》。日本政府对英国政府的这个决定表示了明确的不满，日英关系迅速恶化。

在1926年的帝国会议上，南非和爱尔兰坚决主张各自作为主权国家的独立性，并表示如果这项要求得不到满足就退出英帝国。于是，经过以英国前首相贝尔福为委员长的委员会的反复讨论，最后以《贝尔福报告》的方式表明了帝国会议的态度，正式承认英国与自治领国家的平等地位。1931年的《威斯敏斯特条例》，实际上就是重新确认了这项原则。就帝国的体制而言，原来由单一的正式帝国成员组成的英帝国体制，因此而转变为由两部分成员同时并存的帝国英联邦体制。具体而言，在现在的体制中，既存在着作为英联邦（The British Commonwealth of Nation）特权成员的自治领国家（它们与英国的地位平等），也存在着传统的隶属性殖民地。

2．从霸权国家到结构性权力

[203]

作为结构性权力的英帝国

关于处于两次世界大战之间的大战间歇期，尤其是 1930 年代的国际秩序与英帝国的作用问题，就近年来亚洲经济史研究和英帝国经济史研究的成果而言，学者们越来越倾向于进行重新评价。

就英国方面而言，19 世纪中叶，当英国在确立自己霸权国家地位的时候，它的基本规划中包括两项主体内容：一是按照传统方式，努力扩大依靠军事力量控制殖民地以及势力范围的正式帝国和非正式帝国；二是加速作为正式帝国和非正式帝国中心地位的印度的殖民地化进程。到了 19 世纪和 20 世纪的过渡时期，这个规划框架不仅继续保持由"帝国"这一疆域限制性军事力量和政治力量所规定的权力，而且将全球性经济影响力（例如，自由贸易体制以及作为基准货币的英镑）也纳入了霸权国家的基本要素之中。

后来，在经历了第一次世界大战之后的大战间歇期，经济影响力逐渐取代了军事力量和政治力量的首要地位。霸权国家的经济力量本身也发生了变化：在农业和制造业不断丧失国际竞争力的同时，伦敦金融城的金融服务行业的影响力却在逐步增强。

[204]

为了更好地理解英国作为霸权国家的权力的蜕变和变化过程，我们权且将处于相对性衰退期，却依然在国际社会上行使着超越国民国家和帝国疆域的隐性影响力的霸权国家风采，定性为"结构性权力"（structural power）。

按照一般的理解，大战间歇期被视为由英国霸权（所谓"英国的和平"）向美国霸权（所谓"美国的和平"）的转型期，或者由英美两国共同掌握霸权的时期。从军事力量和安全保障方面来看，英国在战前所拥有的优势地位确实已经不复存在。就海军而言，美国和日本的崛起态势十分显著。在 1920 年代的凡尔赛 - 华盛顿体系，以及相约限制海军力量发展的《华盛顿海军条约》中，英美日三国之间的主力舰拥有比例为 5：5：3，英国皇家海军的战斗力被限定在与美国海军相等的水平上。

另一方面，对于作为英帝国陆军力量的印度军队，英国政府在随意性连续使用和向海外出兵方面，实施了一定的制约。当务之急，是必须安排第一次世界大战中所动员起来的约 144 万军人退役，以减轻印度的财政负担。1920 年代的印度，与英国本土一样，都因财政困难而不得不削减预算，军费作为最大的支出项目，首先成了被削减的对象。

[205]

与此相反，一战以后，由于国际联盟托管的中东地区部分领地（巴勒斯坦、外约旦、伊拉克）和波斯湾沿岸的保护国等非正式帝国新成员的加盟，英帝国的统治疆域反而扩大了不少。于是，军事力量明显地处于"超员过剩"（overstretch）的状态。

根据战后 1919 年的《印度政府法》规定，印度民族主义者，尤其是印度国民大会党在政治上的发言权得以提高。长期以来，他们始终反对印度军队出兵海外，为执行帝国主义政策卖命。现如今，作为隶属殖民地的英属印度的"合作者"们，也与自治领国家一样，开始拥有了能够对帝国政策行使部分影响力的资格。

经过 1922 年帝国防务委员会的审议，在 1923 年 1 月的英国内阁会议上，确立了限制印度军队海外出兵的原则。在整个 1920 年代，这项原则基本上得到了贯彻。1927 年，作为"上海防卫军"被派往上海，是印度军队在 20 世纪 20 年代仅有的一次海外出兵的经历。不仅如此，这次出兵上海的行动不久之后就宣告结束，而且一切所需经费全部由英国政府承担。换言之，英国政府承担印度军队海外出兵所需经费的原则，至此终于确立起来了。

　　事到如今，英国的军事力量在全世界展开行动的能力，无论是在财政上还是在政治上都已经开始受到制约。1933 年之后，为了应对纳粹德国的崛起，英国虽然开始着手重整军备，但是在全面增强军事力量方面还是力不从心。因此，1930 年代中期以后，英国政府的外交主管人，尤其是历任财政大臣和首相的保守党领袖 N. 张伯伦（J. 张伯伦的次子），对德意日三国的军备升级和领土扩张，采取了退让的绥靖政策。与此同时，英国原来在安全保障和军事防务领域行使作为结构性权力的影响力，现在转而行使以最大限度地发挥伦敦金融服务业优势为基础的经济影响力。

[206]

世界经济危机与帝国特惠（渥太华）体制

　　对于 1920 年代的英国而言，重塑战前的霸权国家地位和再现"英国的和平"，是举国上下共同的努力目标。其中最具有代表性的事例就是 1925 年 4 月将国际金本位制的汇率恢复到以前的水平（1 英镑折合 4.86 美元）。恢复金本位制的原有汇率的做法，过高地估计了英镑的实际价值，对英国的产业界而言，就是英镑的升值。这种做法直接导致了出口方面的困难，使得英国产业受到了沉重的打击。

相反，对于伦敦金融城而言，这种做法既能够保存以英镑计算的资产的价值，又能够维持金融城足以与纽约抗衡的国际金融中心的地位，因而是十分必要和值得欢迎的。

1929 年 10 月，世界经济危机的爆发，对这次所谓的"回归常态"（return to normalcy）而言，无异于当头一棒。这次世界经济危机的影响，在稍后的 1930 年代的初期波及到了英帝国。

根据一般的理解，英帝国赖以应对这场世界经济危机的措施，就是帝国特惠（渥太华）体制和英镑货币圈的形成。

具体而言，1931 年 9 月，英国宣布退出国际金本位制，转而实行英镑贬值政策和管理货币制度。1932 年 3 月，英国又制定了进口关税法，统一实行 10% 的进口关税率。同年 7 至 8 月，在加拿大的渥太华举行了自治领国家与帝国经济会议，会议决定在帝国内部实行帝国特惠关税（即各成员国相互之间实行优惠的进出口关税）。1840 年代末确立以来，一直维持至今的自由贸易体制画上了休止符，英国终于转向了贸易保护主义。

英镑货币圈，进一步完善了关于"物资"流动（进出口）的帝国特惠体制（关税同盟）。它是取代国际金本位制以英镑为基准货币的国际金融体制，英帝国的各个成员国必须在伦敦持有作为准备金的英镑（英镑余额账户）。帝国特惠体制和英镑货币圈的形成，标志着以英国为核心的封闭型经济同盟体制终于构筑完成。

根据以上的普遍性理解，1930 年代，英国由于国际影响力的大幅度降低，因而已经丧失了作为霸权国家的国际地位。

然而，近年来的研究成果修正了上述这种普遍的观点，揭示了英国在 1930 年代依然是具有世界性影响力的"结构性权力"这一事实。

　　从新旧世纪交替时期开始，J. 张伯伦在推动关税改革运动的过程中，一直在倡导帝国特惠体制。然而，如今已经实现了的帝国特惠，却没有达到英国原来的预期效果，反而有利于包括英属印度在内的帝国其他地区和自治领国家。尤其是由于自治领国家拒绝受综合性多边框架的束缚，因而帝国特惠体制最终成了英国与 12 个成员国之间逐一进行双边谈判和签约的一种松散型特惠体制。虽然自治领国家被迫同意对英国产品的进口关税维持原来的税率（提高帝国以外其他地区产品的税率），但是英国本土也同时降低了对各个自治领国家和殖民地的原材料进口税率，帝国特惠体制于是成了一种有利于自治领国家方面的制度。

　　就其结果而言，特惠措施的效果与英国产业利益集团（制造业者）的预期背道而驰，面向自治领国家和殖民地的工业制品出口额停滞不前，而自治领国家和殖民地向英国本土的原材料出口额却大幅度激增。不仅英国相对于帝国各地区的贸易黑字已不复存在，英国本土在帝国内部贸易中反而呈现出赤字状态。

　　现如今，英国成了世界上最大的进口国家，对于帝国各地区而言，在欧美各国（尤其是美国）对原材料的需求量日趋减少的背景下，英国成了它们最大的出口市场。各自治领国家在对英国的原材料出口贸易中赚取的英镑，可以用来偿还累积债务，从而避免了对伦敦金融城债务不履行的问题。

[209]

英镑货币圈的形成——阿根廷与加拿大

在 1930 年代的英镑货币圈中，不仅有英国本土及其正式帝国——包括自治领国家（澳大利亚、南非、新西兰、爱尔兰等，加拿大和纽芬兰除外）、隶属领地（英属印度和海峡殖民地等）以及直辖殖民地（亚丁等），还有斯堪的纳维亚各国、波罗的海三国、葡萄牙、暹罗（泰国）、伊拉克、埃及、阿根廷等等这些与英国的贸易和金融关系紧密却又不属于正式帝国的各个国家。

其中，阿根廷是拉丁美洲地区与英国的经济关系最为密切的国家。1933 年，英国与阿根廷签订了《洛卡·伦西曼协定》。根据研究者的一般看法，英国定期而稳定地从阿根廷进口冷冻牛肉，作为交换条件，强烈要求阿根廷降低对英国工业制品的进口关税。由此看来，这个协定实际上是一个在作为非正式帝国的阿根廷，保护以美国为竞争对手的英国工业利益的事例。

[210]

然而，在最近的研究者中，有人开始关注这个协定与伦敦金融城的金融利益之间的关联性。具体而言，阿根廷为了保护本国产业，推进进口替代工业化，同时也为了确保自己的关税收入，因而没有降低进口关税的税率。另外，在《洛卡·伦西曼协定》的第 2 项中，添加了汇率管制的条款。在阿根廷，从 1931 年起就开始对外汇交易实行管制。根据这个协定，英国将以优惠条件向阿根廷提供新增贷款（Roca Funding Loan，年息为 4%，偿还期限为 20 年），作为补偿条件，阿根廷政府为了优先偿还英国的债务而设立特别基金（Exchange Margin Fund）。阿根廷的财政部部长皮奈德主张与英国相向而行，为了在英国本土确保阿根廷生产的牛肉和农作物的加

图 20　英格兰银行总裁 M. 诺曼（1871—1950 年），两次世界大战的间歇期，总裁任期时间超长（1920—1944 年），在 1931 年 9 月退出金本位制以后实施的金融政策中，发挥了中流砥柱的作用

工制品的出口市场，积极推进有利于伦敦金融城之金融利益集团的优惠政策。正因为如此，1930 年代的阿根廷甚至被称为"名誉自治领"，继续停留在了英国的非正式帝国的地位上。

　　另一方面，加拿大虽然是自治领国家中的重要成员，但是由于与邻邦美国保持着密切的经济联系，货币事实上也与美元互动，因而没有加盟英镑货币圈。针对加拿大的情况，在 1930 年代前半期，英国政府让英格兰银行总裁 M. 诺曼亲自挂帅筹划设立各国中央银行事宜，试图通过这种方式来强化自己的影响力，将加拿大拖进英镑货币圈（图 20）。

　　就加拿大方面而言，1920 年代，美国企业在加拿大的直接投资和工厂建设的进展迅速，美国在货物的进出口方面的影响力日益加强；与此同时，借款的 60% 都以美元计算，在金融方面也呈现出越来越依存于纽约金融市场（华尔街而不是伦敦金融城）的趋向。1929 年，加拿大退出了金本位制，强化了在货币政策上的独立性。针对加拿大的这种情况，为了进一步扩大和稳定英镑货币圈，英国开始策划在各成员国筹建英格兰银行式的中央银行。加拿大一方面

[211]

为了确保自己在货币政策上的主导权，另一方面为了避免过度地依赖于美国的金融市场，因而也出现了与设立中央银行相呼应的动向。

1933 年 6 月，加拿大保守党内阁首相 R. B. 贝内特，果断地决定设立"关于银行与货币的王立委员会"（5 名成员）。英国方面有 3 人参加，即麦克米伦勋爵（议长）、金融问题专家兼政府财务顾问 C. 阿迪斯以及英格兰银行的首席顾问凯尔肖（决策助理）。同年 9 月，该委员会提出了一份建议设立中央银行的报告书。

[212] 在关于未来中央银行的性质问题上，加拿大国内出现了严重的意见对立。自由党的 M. 金坚决主张强化中央政府的影响力，相对于国际经济秩序而言，更应该优先考虑加拿大的国内状况和经济复兴的需要。他的观点得到了大多数人的支持，因而自由党赢得了 1935 年的议会大选。于是，1935 年的加拿大中央银行法规定，金融政策的最终决定权由加拿大中央政府酌情行使。英国政府以及英格兰银行，试图将加拿大拉进英镑货币圈的计划最终未能实现。

我们从上述加拿大的事例中可以看到：面对作为"结构性权力"的英国，身为自治领国家的加拿大在经济和金融领域里的独立性日益提高，在谈判和立法的过程中始终强调自主性。然而，英国通过设立中央银行来强化其影响力的这种策略，不仅在加拿大，而且在帝国各个地区都进行过尝试，如 1930 年对澳大利亚英联邦银行的援助和指导，1934 年新西兰储备银行、1936 年印度储备银行等的相继成立。另外，阿根廷在 1935 年建立了中央银行，也算是让英国这项政策取得了一定的成果。

第一次日印谈判与印度棉花

接下来，我们将目光转向 1930 年代亚洲展开经济外交的状况。作为"结构性权力"的英国，与印度和中国日益高涨起来的经济民族主义之间的关系，通过我们的考察和思考，可以从中发现亚洲新经济秩序形成的萌芽。[213]

在近年来的亚洲经济史研究中，关于 1930 年代亚洲国际秩序中，贸易体制的对外"开放性"以及与英帝国圈域外国家之间的贸易的重要性，开始受到学者们的关注。作为这种"开放性"的典型事例，就是 1930 年代印度棉花对日本的大量出口。

如前所述，自 1919 年以来，英属印度事实上已经拥有了关税自主权。为了确保印度财政的收入，对进口的英国工业制品，尤其是棉纺织品一律都要征收进口关税。至于关税率，即使对迄今为止一直给予优惠的棉纺织品，在第一次世界大战期间的 1917 年也被上调到了普通税率的水平（7.5%）；为了解决印度财政困难的问题，1920 年代的后半期一直在缓慢地提高关税率；1932 年渥太华体制形成以后，这个关税率也从未降低过。

实际上，迫于英国棉纺织业资本集团的压力，从 1930 年起，印度对英国产品的进口关税减少 5% 的优惠政策（英国产品 15%，其他国家产品 20%），事实上已经开始执行特惠关税政策了。就因帝国特惠体制而形成的关税率差别而言，1932 年之前是优惠 5%（1931 年，英国产品为 20%，其他国家产品为 25%；1932 年，英国产品为 25%，其他国家产品为 30%）；1933 年，尤其是为了针对日本产品，对外国产品的关税率大幅度提高（1933 年 5 月，英国产

[214] 品为 25%，其他国家产品为 50%；1933 年 6 月，英国产品为 25%，日本产品为 75%）。1933 年 6 月的这个税率涨幅，引起了与日本之间的贸易摩擦。

这种为了确保财政收入而提高进口关税率的做法，对印度国产棉纺织品可以形成"保护作用"，已经形成了事实上的保护关税。对于发展过程中的印度工业而言，第一次世界大战也是一次迫使它转变发展方向的契机。通过第一次世界大战，印度当局第一次认识到了工业的战略重要性，因而开始实行国家干预的方针。一战结束以后，印度国内的钢铁（塔塔钢铁公司，1907 年成立）以及水泥等物资的生产，基本上都达到了自给自足的水平。

对于此时的英国而言，最重要的事情，是如何确保伴随着海外投资而产生的债权收益的回收问题。为了实现这个目标，就必须确保英属印度的贸易黑字，以及卢比价值和汇率的高价位稳定。为了实现前者，当地的印度事务管理当局积极地奖励印度生产的棉花、黄麻制品和棉纺织品的出口，其结果就是采取了抑制英国工业制品进口的措施。这样的贸易政策，对于印度本国产业，尤其是以孟买和艾哈迈达巴德为中心的，期盼着印度棉纺织业实现大发展和工业化的印度民族资产阶级而言，都是值得欢迎的。正因为如此，印度民族主义阵营中的温和派，才会继续充当英国统治的"合作者"角色。

然而，正如我们在第二章中叙述过的那样，从新旧世纪交替时期到 1930 年代，日本一直都是印度棉花的最大进口国。另一方面，英国通过 1933 年的《里斯莫迪协定》（商定扩大印度棉花进口事宜）[215] 和兰开夏印度棉花委员会为促进印度棉花的使用而进行的努力，也只是保住了自己在印度棉花的进口业绩排行榜上的榜眼地位。对于日本的工业化而言，印度棉花的大量进口是不可或缺的因素。不仅如此，当日本在 1930 年代展开经济外交的时候，它也是日本在谈判桌上的一张重要的王牌（表 3）。

表 3　1930 年初印度的原棉输出与国内消费

（单位：1 000 捆；400 重量磅）

输出地	1930	1931	1932	1933	1934
英国	233	286	274	125	242
欧洲大陆	1 429	1 505	1 003	424	862
中国	456	555	626	243	169
日本	1 722	1 409	1 753	757	1 426
其他	93	113	73	33	42
输出合计	3 933	3 868	3 729	1 582	2 741
印度国内消费	1 992	2 373	2 271	2 346	2 360
总计	5 925	6 241	6 000	3 928	5 101

引自：Department of Overseas Trade, *Conditions and Prospects of United Kingdom Trade in India*, 1930-1931（London, 1932）; Ibid., 1931-1932（London, 1932）; Ibid., 1933-1934,（London, 1935）

1933 年 4 月，为了抑制日本棉纺织品出口的急剧增长势头，印度当局在将日本产品的进口关税率提高到 75% 的同时，宣布废除包含最惠国待遇条款在内的《日印通商条约》。作为报复措施，日本方面果断地禁止了印度棉花的进口，两国间的贸易摩擦日趋激烈。为了缓和这种局面，从 1933 年 9 月到 1934 年 1 月，日印两国政府在印度的德里和西姆拉举行了谈判（第一次日印谈判）。

在这次谈判过程中，印度的高级通商事务长官 T. 艾因兹科夫，为了调整与英帝国和英属印度相关的利益而发挥了积极作用。与此同时，英国驻日商务参赞 G. 桑松，作为印度事务管理当局的建言官

[216] 和英国政府的观察员，为了调停日本的经济利益和英帝国的利益，带着双重任务参加了与日本代表团的谈判。

艾因兹科夫和桑松二人，既有明确的分工，又有紧密的合作。作为在印度当局主管之下负责处理经济外交事务的实际责任人，凭借他们自己平素关于贸易通商形势的分析和提供建言的经验，发挥了积极的作用，尤其是桑松对当时的谈判形势有清醒的认识。在他看来，对于日本方面而言，禁止印度棉花进口是进行谈判的一张王牌；对于印度当局和英属印度的农业利益而言，继续对日本出口印度棉花是不可或缺的贸易项目。

1933 年 10 月末，谈判进入了最困难的阶段。桑松意识到：如果要让印度放宽对日本棉纺织品的进口管制（进口配额制），就必须制定一套促进印度棉花出口的策略（让日本购买印度棉花成为一种义务）。换而言之，就日本而言，出口自己的棉纺织品与进口印度棉花要形成一种联动机制，日本方面应当接受这一机制；对于印度当局而言，这是一条扩大印度棉花销路的必经之路。作为印度殖民事务管理当局的财政委员会委员、专职处理印度财政问题的负责人，G. 夏斯塔也在印度当局的会议上，多次强调让日本进口印度棉花的重要性。根据这样的一条思路，对于英帝国圈以外的各个国家（此处即日本）而言，帝国特惠体制依然是一个有效地贯彻自由贸易原则的"开放式"贸易体制。

另一方面，在关系到印度卢比的价值稳定的金融和财政政策的问题上，由伦敦金融城的金融利益集团撑腰的英国"结构性权力"，[217] 无视印度当地的利益，强行发挥了作用。尤其被质疑的一点，就是英镑与印度卢比的汇率。为了促进印度产品的出口，印度的民族主义者力主降低卢比的汇率（1 卢比折合 1 先令 4 便士）。与此相反，英国政府为了继续维持对印度的投资价值，顺利地回收债权收益，不愿意放弃维持卢比高价位稳定（1 卢比折合 1 先令 6 便士）的政策。

殖民地货币与宗主国货币之间的高位汇率的情况，在英属海峡殖民地以及荷属东印度也都出现过。于是，就南亚和东亚的欧美殖民地的货币而言，在宗主国以自身金融和财政利益优先的方针指导下，即使在世界经济危机爆发以后也没有出现货币贬值的情况，而是继续维持着货币价值的高位稳定。英国虽然在货物的进出口方面采取了灵活的应对姿态，但是为了维护伦敦金融城的金融利益（金钱），依然果断地发挥了"结构性权力"的威力。 [218]

中国的币制改革与英国的金融利益

通过金融利益来强化英国的影响力，这种做法的有效性，在处于正式的英镑货币圈之外的中国也进行了尝试。对 1935 年 11 月中国币制改革的积极干预，就是具体事例。

第一次世界大战结束以后不久，英国通过与美、日、法共同组成第二次四国国际贷款团，和美国一起发挥了主导性作用，在列强相互协调的基础上，建立了向中国提供贷款的机制。在这个过程中发挥了主要作用的人物，是前面提到过的曾担任过汇丰银行伦敦负责人的国际金融界大佬 C. 阿迪斯。

由于中国方面的抵制，国际贷款团未曾取得任何实际业绩就陷入了休眠状态。然而，包括日本在内的主要列强国家之间通过相互协调以后，尝试着在针对中国的国际金融业务中，设定"游戏规则"。换言之，就是英国试图在金融领域中行使"结构性权力"。与第一次世界大战以前所不同的一点，就是必须要兼顾到与美国银行团之间的协调机制及其代表 T. 拉蒙特的意见。

[219]　　1930 年代，中国货币问题的严重化，为英国进一步扩大自己的影响力提供了机会。1933 年 12 月，美国政府发表了征购白银的政策以后，白银价格的急速上涨，导致了中国白银的大量外流和通货紧缩，甚至贸易和产业活动也陷入了停滞状态。美国政府的政策变化成了中国发生混乱的原因，这一点值得关注。1934 年秋，国民党政府在强化外国汇率管理的同时，试图通过提高白银出口税和引进平衡税制度来操纵白银价格。与此同时，中国政府为了稳定货币，也与英、美、日三国进行了贷款谈判。

　　1935 年 2 月，英国政府为了寻求解决中国财政和经济困难的途径，提出了一份列国协议，并决定于当年 3 月向中国派遣金融和财政方面的专家。根据这项决定，英国政府首席经济顾问 F. 里斯·罗斯于 9 月访问了日本和中国。

　　里斯·罗斯代表团提出了包括两项内容的方案：（1）日英利用伪满洲国向中国提供共同贷款；（2）中国废除银本位制，引进以英镑为中心的货币管理制度。实际上，这是一个同时瞄准三个政策目标（将中国拉进英镑货币圈、承认伪满洲国、日英协调外交）的崭新提案。英国试图以金融力量和外交力量来弥补军事力量的不足，继续展示其"结构性权力"的威力，这个提案恰恰反映出具有英国特征的政策。由于日本政府的拒绝，虽然共同贷款的设想最终未能实现，但是里斯·罗斯却加入了协助中国国民政府实行币制改革的行列之中。

　　然而，里斯·罗斯到访中国之前，中国政府已经组成了一个以国民政府财政部前任部长宋子文和现任部长孔祥熙为核心的班子，在美国财政顾问团的帮助下，制订了一份以向中国独立的管理货币制度过渡为目标的币制改革方案。1935 年 11 月 3 日开始实施的币制改革包括三项内容：（1）发行作为管理货币的法币；（2）实现白银的国有化；（3）实现无限制外汇买卖。英国政府立刻命令汇丰银行等英系银行使用法币并提交白银，以实际行动表明对中国货币改革的积极支持态度（图 21）。

　　中国政府在英美两国之间保持着巧妙的平衡，使得币制改革获得了成功。在面对中美关系的时候，答应向美国大量出售国有化了的白银，与美国财政部之间缔结过三次中美白银协定，迄至 1937 年 7 月，成功地向美国出售了总额高达一亿美元的白银。币制改革获

图 21　出席伦敦经济会议的宋子文（1933 年），是具有留美经历和国际眼光的经济人才，历任南京国民政府的财政部长和中央银行总裁，蒋介石夫人宋美龄之兄，追求亲英美的政策

得成功的物质条件，可以说是通过美国的这种合作而获得的。美国政府试图在财政部部长 H. 摩根索的主导下，将中国的法币与美元实现联动，以便从金融层面上强化对国民政府的影响力。

[221]

另一方面，英国政府也希望将中国的法币与英镑实行联动，声称里斯·罗斯也实现了这个目标。中国政府从未正式认可法币与英镑和美元中的任何一方实现联动，而是强调币制改革的自主性。然而，最近的研究成果[1]揭示了这样一个事实：币制改革以后的中国法币的汇率，相对于英镑一直维持着贬值的状态。尽管中国国民政府的正式声明不承认这一点，然而，法币事实上与当时作为基准货币的英镑实施了联动，就结果而言，中国已经"加入"了英镑货币圈。正是由于中国政府有效地利用了英美两国各自的强项，法币的价值稳定和国际信用才得以实现。

以上所述事实表明：原先理应作为"合作者"的中国国民政府维护了自主性，英镑货币圈确实具有其扩展性和开放性。从同一时期的日本来看，1932 年以后，通过大藏大臣高桥是清实行的金融和财政政策，在日元贬值的基础上，实际上也将日元与英镑实施了联动。由于中国币制改革的成功，在东亚地区出现了一个相对于国际基准货币英镑的"货币贬值圈"。1930 年代的英镑货币圈，同时包括了非帝国疆域内的日本和中国，实现了进一步的扩展。

[222]

从以上事例可以看出，两次大战间歇期的英国，以伦敦金融城

---

1 杉原薰：《东亚工业化型货币秩序的形成》（原载秋田茂、笼谷直人主编：《1930 年代的亚洲国际秩序》，溪水社，2001 年）。

的金融服务利益为基础，作为依然能够发挥隐性影响力的"结构性权力"，对于维护国际政治经济秩序而言，仍然是一个不可或缺的稳定因素。

3. 非殖民化的进展与英镑货币圈

第二次世界大战与帝国——美国的援助

第二次世界大战加速了帝国的终结和非殖民化的进程。

对于英国而言，第二次世界大战既是反法西斯战争，同时也是保卫帝国的战争。然而，为了确保英镑作为基准货币的国际信誉，英国政府采取了财政平衡主义（回避赤字预算）措施，因而在改善军备方面多有不足。因此，第二次世界大战期间的英国，无论是在军事上还是经济上都要依赖于美国（总额高达 270 亿美元的战时贷款援助）；与此同时，与第一次世界大战时期一样，通过来自英帝国各地区的战时合作，才得以顺利渡过大战和战时体制的危急时刻。

然而，英国在取得美国援助的时候，是不能无视美国的反殖民主义传统的。譬如，1941 年 8 月，美国总统 F. 罗斯福，在纽芬兰的海湾内举行的英美首脑会谈中，不顾英国首相 W. 丘吉尔的反对，坚持发表了《大西洋宪章》，宣告承认所有民族的民族自决权，同时批判法西斯主义和殖民主义。丘吉尔在英国下议院的演说中，不得不重申《大西洋宪章》对印度、缅甸等英帝国各地区不适用的情况。另外，作为提供战时援助（Land Lease）的条件，美国要求战后废除英帝国的特惠体制，重新引进自由贸易体制。美国已经意识到二

[223]

战以后的霸权转移的问题，因而以否定殖民主义和帝国统治的姿态出现，提出了独自的理念。

在获得帝国各地战时合作的过程中，自治领国家中的爱尔兰始终保持着中立。1932 年内战结束后掌握政权的德瓦勒拉，根据 1937 年国民投票选定的新宪法，将国名改为盖尔语的"爱尔"，废除了对英国国王的效忠宣言，爱尔兰成了事实上的独立共和国。战后的 1949 年，"爱尔兰共和国"又宣布退出英联邦，实行完全独立自主的路线，终于从 300 多年的"帝国枷锁"中获得了解脱。

战争前半期的局势，对于帝国保卫战而言是极为不利的。1941 年 12 月的太平洋战争爆发以后，仅几个月的时间里，东南亚的英帝国就陷于崩溃。尤其是 1942 年 2 月新加坡的沦陷，成为"帝国历史上最具毁灭性的、最为恶劣的屈辱"[1]，英国在亚洲的权威一落千丈。紧接着，日本军队攻陷缅甸，空袭澳大利亚北部的港口城市达尔文，并逼近英属印度的国境线。面对这样的军事威胁，澳大利亚和新西兰在防务和安全保障方面加强了对美国的依赖。

[224]

与第一次世界大战期间一样，英国从帝国内部得到的力度最大战时合作依然是来自英属印度。从 1939 年到 1946 年，英国政府战时主要向海外派遣的印度军队和劳工的总数为 215 万人，共支出 13 亿 4 300 万英镑的经费。相对于自治领国家中的加拿大（78 万人）、澳大利亚（68 万人）、新西兰（15 万 7 000 人）、南非（14 万人）而言，印度的战时合作力度格外突出。

1　丘吉尔语。

印度军队主要被派往东南亚和中东地区。迄至 1939 年，印度完全恢复了曾在 19 世纪的帝国防卫中作为"漂浮在东方海面上的英国军营"的作用。

然而，在背后的经费负担这一点上，情况却发生了根本性变化。根据 1939 年 11 月签订的《英印防务经费协定》的约定，印度当局仅负担相当于平时的经常经费，以及与单纯的印度防务直接相关的一切战时支出，英国政府则必须负担其余的所有经费。此外，印度军队的近代化，以及为了完善印度国内作为战时经济的增产体制所 [225] 必需的各种经费，也全部由英国政府负担。丘吉尔虽然对签订这个协定表示了担忧，但是作为获得印度方面战时合作的不可或缺的措施，最终还是同意签约。

1939 年这个关于防务经费的协定，使得英印之间的债务和债权关系发生了戏剧性的逆转。包括印度军队海外出兵在内的印度的战时合作，通过寄存在伦敦"英镑余额账户"的储蓄，使印度逐渐变成了债权国。

印度和巴基斯坦的分治独立

二战结束以后不久，1947 年 8 月印度和巴基斯坦的分治独立，促进了周边亚洲地区的非殖民化进程及其政治上的民族主义情绪的高涨（图 22）。

战争结束仅仅过了两年，在如此短暂的时间里，英国政府就认可了印巴两国政治上的独立，并将其称作为"权力的转让"（transfer of power）。在这一政治变动的背后，是二战期间南亚地区蓬勃展

图 22　印度独立纪念典礼：1948 年 8 月 14—15 日深夜，最后一任印度总督蒙巴顿在新德里总督府向印度总理 J. 尼赫鲁移交统治权

开的民族主义运动。反战的国民大会党所领导的反英斗争——"脱离印度"运动，就是其中的典型代表。

　　除此之外，英国方面之所以如此迅速地移交权力，是由于它自身也存在着若干原因。其中之一，就是它已经无力继续统御作为帝国军事力量的印度军队。

　　第二次世界大战以后不久，在恢复国际秩序的过程中，印度军队也被频繁地调集利用。日本投降以后，为了在东南亚地区恢复原欧洲宗主国的殖民统治体系，根据联合国东南亚军区司令部的命令，印军的 30 个步兵营被投放到了法属印度支那和荷属东印度地区实行"重新占领"。据 1946 年 9 月初的统计，驻留在海外的印军总数达到了 274 900 人。

　　针对英国政府为了重新占领原欧美殖民地而动用印度军队的做法，在 1946 年初印度立法议会举行的讨论中遭到了猛烈的批判。印度临时政府的领导人 J. 尼赫鲁，坚决要求尽早撤回驻留海外的印度军队，尤其强烈反对将印度军队派往缅甸去维持当地的治安。于是，截至 1946 年 11 月末，印度军队全部从东南亚地区撤回本国。

对英国产生进一步冲击的原因，是民众对印度国民军的支持和 [227] 1946 年 2 月在孟买发生的印度海军的叛乱事件。

所谓印度国民军，是当年在日本军部的帮助下，由国民大会党中的激进派 S. C. 博斯，对投降日军的印军部队进行改编以后所形成的军队。1943 年 10 月，获得了日本政府支持的博斯，在新加坡成立了印度临时政府，并亲自担任内阁总理和拥有 5 万人的印度国民军的总司令。为了得到居住在东南亚各地的印裔居民（印侨）的支持，印度临时政府企图取代被捕入狱的印度本土的国民大会党的领导人，掌握印度独立运动的主导权。1945 年 11 月，英国政府虽然曾试图以叛国罪的名义，将复员的国民军军官送交军事法庭审判，但是由于爆发了激烈的反对运动，不得不取消了法庭审判。1946 年，由 78 艘军舰和大约两万名水兵发动的印度海军叛乱，是对英国政府的一次更大的打击。

二战以后的英国，仍然希望依仗着以印度军队为代表的印度军事力量，重建帝国英联邦体制。然而，由于它对印度军队的统御能力的弱化，以及来自民族主义者所主导的印度临时政府方面的批判，重建帝国的前提不复存在，南亚地区的非殖民化已经不可避免。

印度和巴基斯坦的英镑余额账户

加速南亚地区非殖民化进程的另一个重要原因，是印巴两国的英镑余额账户的累增及英印之间债务和债权关系的逆转。这一点关 [228]

系到作为"结构性权力"的英国经济结构层面，尤其是伦敦的金融服务行业的利益。

如前所述，根据 1939 年签订的《英印防务经费协定》，英国政府负担了印度军队海外出兵的经费。迄至 1946 年，金额达到了 13 亿 4 300 万英镑。然而，这些金额并非直接支付给印度方面，而是作为英国财政部证券被存入印度准备银行的伦敦余额（英镑余额账户）之中。

对于英国政府而言，这实际上就是以"赊账"的方式来征调军需物资和支付印军官兵的薪金，当地的印度当局和印度准备银行，只能通过加印大量的卢比纸币来维持这些经费。如此一来，就导致印度出现了严重的通货膨胀和物价飞涨。战前的英属印度，背负着英国的大约 3 亿 5 000 万英镑的债务；战后则摇身一变，成了持有 14 亿英镑的债权国。

这种债务和债权关系发生逆转的最主要原因，是印度军队的海外出兵经费所致。英印财务关系早在 1942 年 7 月就已经发生了逆转，印度方面持有的债权急速增加起来。尽管伦敦的财政当局多次对这种趋势表示了担忧，然而真正让英镑余额账户成为一个棘手问题的契机，是 1945 年秋天举行的英国政府对美借款谈判的会议。按照美国方面的要求，作为向英国提供战后贷款的回报，从 1947 年开始恢复英镑的可兑换性（与美元的自由兑换），并收缩英镑余额账户。

[229]

然而，由于 1946 年英国陷入了国际收支危机，因而在没有恢复英镑的可兑换性的情况下，英镑余额账户就被"冻结"，被认定为冻结账户，实际上已经不能自由提取，也无法与美元进行兑换。

在这种微妙的时刻，在英国以及与英镑货币圈相关的各个国家和地区之间，就如何经营英镑余额账户的问题展开了谈判，并签订了多项双边协定。从 1947 年 2 月到 1952 年 2 月，就政治独立（非殖民化）以及相关的各种复杂问题，英国和印度之间也一共进行了6 次谈判。说到底，这些就是要求英国分期偿还高额借款的谈判。

英国与印巴两国之间的真正谈判，从 1948 年夏天开始，尝试着缔结三年有效的协定。印巴两国从英镑余额账户中，向英国支付两笔款项：一笔是 1 亿英镑，作为继承英国统治资产的代价；另一笔是 1 亿 7 000 万英镑，用于向印度的旧官吏和军人发放年金。两国分治独立以后，印度从英镑余额账户中继承了 9 亿 6 000 万英镑，巴基斯坦继承了 1 亿 7 000 万英镑。除此之外，印度还可以每年提取 6 000 万英镑，并获得相当于 1 500 万英镑额度的美元配额；巴基斯坦则可以每年提取 1 000 万英镑，并获得相当于 500 万英镑额度的美元配额。

然而，1949 年春天，由于印度遭遇国际收支危机，因而同年夏天再次举行了谈判。作为结果，印度可以连续三年从冻结账户中一共提取 1 亿 5 000 万英镑（每年 5 000 万），并重新加入英镑货币圈的美元总库制度。在这一点上，英国方面与处理关于印度是否继续留在英联邦的问题一样，也采取了类似的妥协方案。与此同时，由于 1949 年 9 月英镑贬值，英国的财务状况发生了好转。在 1952 年 2 月签订的最后一次英印协定（有效期截至 1957 年）中，确认印度政府在伦敦持有 3 亿 1 000 万英镑的英镑余额账户，并允许每年提取 3 500 万英镑。

[230]

这个英镑余额账户的问题，可以揭示以下三个事实。第一，独立前夕的英属印度（作为后继国家的印度和巴基斯坦），对于英国和英镑货币圈而言，在经济上已经从资产转化成了债务和沉重负担；第二，在英国确保美元作为债务结算手段的问题上，印度成了一个干扰因素，因而在考虑到将对英国的国际收支产生短期性负面影响的同时，围绕着英镑余额账户的冻结和封户问题而举行了谈判；第三，在战后复兴的过程中，英国对印度的生产资料（机器）出口，使英国减少了赚取美元的机会，因而对英国经济带来了负面作用。

由于英镑余额账户的累增，英印经济关系发生了根本性变化。

[231] 对于英国而言，南亚的这两个国家在经济方面的重要性已经大幅度下降。就这一点而言，即使从经济方面看来，南亚的非殖民化也是不可避免的。

印度滞留英联邦及其变迁

印度的政策和动向带来了帝国英联邦体制的变化。

关于印度是否继续留在英联邦的问题，1947 年 8 月印度取得了政治上的独立之后，在审议和制定作为新国家体制框架的印度宪法的过程中，被提上了议事日程。以独立的共和制为建国目标的印度，能否继续留在以向国王（王室）效忠为加盟条件的现行帝国英联邦体制之内，这是最大的争议焦点。

1948 年 10 月，在伦敦召开的英联邦首脑会议上，已经大致上确定了印度继续留在英联邦的基本意向。然而，最终的滞留决定，却是 1949 年 4 月末在伦敦再次召开的英联邦首脑会议上做出的。在两次英联邦首脑会议间隙中，英国政府为了调整将印度留在英联邦框架之内的条件而尽了最大的努力。具体而言，从 1949 年 1 月 7 日到 4 月 20 日，组成了英联邦关系内阁委员会，召开了 19 次会议，专门讨论了能够让印度滞留在英联邦的各种条件。

该委员会以印度政府继续留在英联邦为前提，围绕以下三项具体内容展开了讨论：（1）变更"英联邦"（The British Commonwealth of Nations）的名称；（2）废除向国王效忠的条款；（3）确定了"联邦公民权"（Commonwealth citizenship）的有效性。 [232]

其中的"联邦公民权"，是伴随着 1948 年英国制定国籍法而被创造出来的概念，继承了原帝国统治区域内居民所拥有的"英帝国臣民"（British imperial subjects）的资格和功能。从 1931 年的《威斯敏斯特条例》出台以来，尽管以白人为主体的澳大利亚和加拿大等各联邦（自治领）国家已经能够自行决定各自的公民权，然而就英国本土而言，即使在 1948 年的国籍法中也没有对公民权做出明确的规定，对于来自殖民地的人员流动也没有特别的限制。新独立的印度政府非常重视维持原来的这些"特权"，强调要保持联邦公民权。最终的决断权，被委托给了 1949 年 4 月末举行的英联邦首脑会议。

与正式展开这种政策性检讨同时，1948 年三四月份，在印度立法议会上审议印度宪法草案的过程中，尼赫鲁与英国工党内阁的首相艾德礼之间，就英联邦问题展开了书信交流。

在艾德礼看来，鉴于南亚各国的独立，英联邦名称的变更已经 [233] 不可避免，可以根据现实情况改名为"The Commonwealth of British and Asiatic Nations"，但是希望英联邦的实际状态一切照旧。他的这种表态，其实也是在试探以共和国为建国目标的印度方面，对于效忠国王条款的真实反应。

对此，尼赫鲁在 1948 年 4 月 18 日的回信中强调了以下三点：（1）英国以及英联邦各国与印度的合作是密切和亲密的，应该维持这种真正的友谊和合作关系；（2）印度宪法以建立共和国为宗旨，将分别考察对英关系和对英联邦的关系；（3）为了能够尽量冷静、客观地、"与过去的厚重遗产无关地"对英联邦问题进行思考，因而有意识地推迟了做决定的时间。换言之，告别过去英国所实行的殖民主义政策和帝国统治，冷静而客观地审视与英联邦各国的关系，现实主义者尼赫鲁的这一基本态度，在这封回信中展现得一览无遗。尼赫鲁所追求的，就是维持与英联邦各国之间现行的务实关系，通过英联邦这个框架，对英美两国的政策间接地施加影响。

印度作为共和国继续留在英联邦之内，做出这个决断的结果，就是废除向国王效忠的条款。与此同时，将"英属"（British）的字样从联邦的名称中去除，改名为单纯的"联邦"（The Commonwealth of Nations）。

[234]
在做出这个决定的两个星期之前（实际上从 1937 年开始），一直谋求脱离英联邦的爱尔兰（爱尔兰共和国），正式宣布退出了英联邦。印度和爱尔兰的政策性抉择，成了改变英联邦性质和结构的导火索。相反，由于印度的滞留，此后追求政治独立的亚非各国，无论选择什么政体，独立以后也可以很容易地继续留在英联邦之内。对于英国而言，作为维持和行使国际影响力的机构，英联邦的价值反而更大了。

美元不足与英镑货币圈的重新评价

众所周知，第二次世界大战之后的艾德礼工党政权，以实行被誉为"从摇篮到坟墓"的社会福利政策和构建福祉国家为执政目标，在推行全员雇用方针的同时，取得了巨大的成就。然而，战后不久的英国，由于出口贸易不顺和为了复兴经济而增加进口的措施，因而面临着经常性"美元不足"和国际收支的赤字。因此，试图通过来自美国和加拿大两国的战后贷款，以及上述英镑余额账户冻结谈判，来缓和国内严峻的金融和财政状况。

在战后这种美元不足的情况下，作为赚取美元的手段，英属马来亚（现在的马来西亚和新加坡）的天然橡胶和锡，西非［尼日利亚和黄金海岸（现在的加纳）］的棕榈油和可可等，来自隶属殖民地的原材料出口和英镑货币圈的经济价值，重新受到了重视。作为一个不使用美元就能够征调原材料以及粮食和原料的经济圈，英镑货币圈发挥了应有的功能。战后，外汇管制的禁令非但没有被解除，反而被进一步强化。

[235]

海外殖民地向美国出口原材料所赚来的美元，通过伦敦的美元总库制度被集中管理起来。在这个过程中，殖民地本土的需求状况基本上被完全忽视，英国的金融利益被置于最优先的地位。只要对自己有利，英国可以随心所欲地使用被征集来的美元。于是就出现了"用西非的农民以及马来亚橡胶种植园的劳工、澳大利亚牧羊业者赚来的钱，保证英国工人阶级的福祉"这一现象。二战以后，对于英国而言，殖民地的经济价值被重新认识，短时期内也强化了经济上的剥削，但也是一个对英国本土的经济复兴发挥了很大作用的时期。

譬如，在战后的帝国英联邦体制中，南亚各国于 1947—1948 年独立以后，东南亚的英属马来亚，作为殖民地一直维持到 1957 年。对于 1950 年代前半期的英国而言，马来亚简直就是赚取美元的"美元盒"。因此，日本战败以后，英国马上就在马来亚恢复了殖民统治机构。1947 年，当马来亚共产党对殖民主义展开激烈的批判并发动武装起义以后，1948 年 6 月，英国殖民统治机构宣布马来亚进入非常时期，同时派遣大规模的军队进行镇压。

[236]

与此同时，殖民地的经济开发问题，也史无前例地成为被认真讨论的议题，还出台了像"科伦坡计划"那样的经济开发援助计划。

科伦坡计划与英联邦、日本

1950 年 1 月，在锡兰（现在的斯里兰卡）召开了英联邦外交部部长会议。科伦坡计划就是以这次会议上的提交课题为契机而被立案的，是一项以英国和英联邦各国为中心的，向南亚和东南亚地区提供经济援助的计划。

这个计划是一个面向几乎亚洲所有国家（无论是不是英联邦国家）的经济开发援助项目，也是一种抵御共产主义势力蔓延的策略。就这一点而言，也可谓"亚洲版马歇尔计划"。然而，它的特别之处，就在于将着力点置于亚洲方面的主体性上，目的是使亚洲摆脱贫困而进行自主性经济开发。在这个计划启动之际，印度总理尼赫鲁和澳大利亚外交部部长斯彭达发挥了主导作用。

在经济开发援助的实施方法方面，科伦坡计划没有常设的管理运营机构；从经济开发援助的类型来看，它分为资金援助（capital aid）和技术合作（technical assistance）两大部分。在科伦坡计划的 [237] 运作过程中，有两个机构发挥了核心作用：一是负责检讨一般性原则及其实施方针的咨询会议，二是负责技术支援事宜的技术合作审议会。具体的援助行动，根据援助国和被援助国双方之间的情况而实施，这也是它的一大特征。

在这个计划付诸实施的过程中，就资金方面而言，如何有效地运用印度在伦敦所持有的海外资产——英镑余额账户，成了广受关注的议题。然而，从一开始人们就知道，该计划仅凭英联邦各国出资是无法筹集开发资金的，因而必须得到美国以及域外国家（非英联邦国家）的支援。因此，财源和对亚洲各国经济开发的参与方法，从一开始就成了大问题。科伦坡计划，虽然最初是作为英国能够有效地利用英联邦的一个环节而启动的，但是由于参与的域外国家日益增多，因而就逐渐地变成了一个以亚洲全境为对象的经济援助计划。

在这个过程中，1950年代战后日本的经济复兴，对英属马来亚、缅甸、巴基斯坦等东南亚和南亚的英镑货币圈各国，带来了很大的利益。日本购买了缅甸生产的大米、巴基斯坦生产的棉花、马来亚生产的铁矿石等原材料，确保了这些英镑货币圈国家主要出口商品的海外市场。另外，日本生产的消费品，尤其是棉纺织品对东南亚和南亚各国的出口，成了可以用美元以外的货币进行结算的商品供给源，确保了向这些国家的贫困居民提供廉价生活用品的需求，对 [238] 于国民福利政策的实施而言也是很重要的。

另一方面，对于日本而言，从亚洲的英镑货币圈各国进口粮食和原料，在美元不足的情况下，为了实现原材料进口对象的多元化，也是不可或缺的环节。因此，亚洲的英镑货币圈各国与战后日本的经济复兴，在物资交易和贸易层面上呈现出一种互补的状态。

如上所述，英镑货币圈确实发挥了支援东亚各国经济发展或经济复兴的作用，在这个意义上，1950 年代的东亚国际经济秩序，可以说具有与战前的 1930 年代的国际经济秩序的类似点和共同之处。

1954 年 10 月，在经济上走向复兴的日本，作为援助参与国被正式纳入了科伦坡计划之中。对于日本而言，这是 1956 年加入联合国之前向国际机构的正式回归。

4. "美国的和平"与帝国的终结

苏伊士战争——非殖民化与冷战思维的交错

[239]

1940 年代后半期冷战的爆发，减弱了美国对殖民主义的批判势头。英国以及法国等殖民帝国，被期待着能够发挥阻止共产主义势力渗透的"防波堤"作用。其主要的舞台，就是 1950 年代后半期的中东和 1960 年代的非洲。

在 20 世纪的中东，经历了 1920 年代前半期国际联盟的托管统治之后，从 1920 年代的后半期到 1930 年代，英帝国开始通过与当地精英阶层的妥协来行使自己的影响力，逐渐转向了所谓"间接统治"（indirect rule）体制。正如 1922 年承认保护国埃及的"独立"那样，认可当地的政府体制，目的是维持一种通过当地行政官的管理和条约而实行的统治。英国在印度和西非分别利用各邦藩王和原有酋长的传统权威所实行的，就是一种间接统治，现在则将这种统治经验搬到了中东地区。这种间接统治也是非正式帝国统治的一个类型。

作为一种具体手段，它也被运用到了军事力量方面（如大战间歇期发展起来的皇家空军），无论是效率性还是经济性（廉价统治），都是可圈可点的。

在中东，英国最为重视的就是石油资源和苏伊士运河。获得在伊拉克、科威特以及伊朗发挥影响力的石油特权，确保占据中东军事要冲的苏伊士运河地区（苏伊士运河两岸的排他性统治地区），这是英国的战略性课题。1947 年，由于阿拉伯和以色列之间的民族纷争不断激化，英国不得不撤出巴勒斯坦。不久之后，又承认了印度和巴基斯坦两国的独立。因此，对于第二次世界大战以后的英国而言，为了保持作为仅次于美苏两国的世界第三大国的地位，继续发挥世界性影响力，维持对中东地区的非正式帝国的统治，是其军事战略中必不可少的一环。[240]

然而，到了 1950 年代，由于中东地区的民族主义运动此起彼伏，英国不得不随之改变和修正既有的战略方针。1951 年 3 月，激进的民族主义者 M. 摩萨台就任伊朗首相，同年 6 月接收英伊石油公司，毅然决定实行石油的国有化。由于美国政府在是否对伊朗政府进行武力威胁的问题上态度消极，于是英国工党内阁的艾德礼首相决定从伊朗全面撤资，包括当时世界上最大的阿巴丹炼油厂。在这个事件背后，实际上是英美的石油资本，围绕着伊朗的石油特权所展开的角逐。

紧接着，英国政府所要面临的，是埃及的激进民族主义运动。1952 年，埃及爆发了自由派军官团领导的革命，推翻了作为非正式帝国统治基础的亲英派合作政府，阿拉伯激进主义者纳赛尔掌握了实际权力。1954 年 10 月，抱有强烈危机感的英国保守党丘吉尔内阁，与埃及革命政府缔结了关于苏伊士运河的协定，试图以英国承诺在 1956 年之前撤出苏伊士运河地区的军队为条件（英国保留发生意外情况时重新行使军事力量的权利），对阿拉伯激进派实行妥协和拉拢。

[241]

为了推动埃及的经济开发（作为工业化基础的电力开发），纳赛尔在获得了西方各国资金援助的前提下，制订了在尼罗河上游建设阿斯旺水坝的计划。然而，1956 年，英美两国以埃及从苏联东欧圈的捷克斯洛伐克购买武器为借口，拒绝提供资金援助。致力于争取经济非殖民化的纳赛尔的施政方针，被扼杀在了"冷战思维"之中。

1956 年 7 月，被逼入困境的纳赛尔宣布对苏伊士运河实行国有化，试图以此来确保建设水坝的资金。怒气冲冲的英国首相艾登，暗地里与法国和以色列密谋，企图通过武力推翻纳赛尔政权。1956 年 11 月初，英军占领了苏伊士运河北端的塞得港。艾登的这种强硬政策，类似 19 世纪的炮舰外交，公然表明英国企图通过军事力量，重新树立自己在中东地区日益丧失的威信，延续对非正式帝国的统治。

艾登对形势的错误估计，使他直接面临着美国政府以及国际舆论的强烈谴责。美国艾森豪威尔政府的杜勒斯国务卿认为，在冷战体制中，将阿拉伯民族主义势力全部推到敌对立场上去的做法只会对苏联有利，因而他坚决反对英法两国逆时代潮流而动的军事行为。艾登原以为冷战思维可以为抑制非殖民化势头的军事行动提供理论依据，没想到他的这个军事战略失去了美国的支持。

美国政府向英法两国施加外交压力，要求他们立即停战并撤回军队。另外，在联合国和英联邦内部，英国也遭到了大多数成员国强烈的谴责（在英联邦内明确表示支持态度的，只有澳大利亚和新西兰），印度的尼赫鲁则是谴责行列中的排头兵。更有甚者，随着苏伊士运河的关闭和中东石油供给的停止，英国因在国际金融市场上大量抛售英镑而导致了外汇储备的大量流失，从而陷入了英镑危机。对于这场货币危机，美国政府表现出了事不关己的姿态。 [242]

面对这样的国际孤立和金融危机，1956 年 11 月 7 日，英国政府不得不宣布立即停战，并承诺撤走军队。英国政府在苏伊士运河战争中以事实上的失败而收场，使自己颜面扫地。

在苏伊士运河战争中的受挫，对战后的帝国统治造成了决定性的打击。美国所重视的冷战思维，与英国所奉行的抵御非殖民化的思维互相交错；在 1950 年代中期的冷战体制之下，作为新兴的霸权国家，美国的世界战略和冷战思维占据了主导地位。

艾登引咎辞职，英国财政大臣麦克米伦接任首相职位。麦克米伦上台伊始，就全力以赴地修复与美国的关系。他认识到英国在军事上和经济上的脆弱性，试图在美国的霸权之下，作为合作者而谋取一席生存之地。

1950 年代后半期以后，面对帝国英联邦内部的非殖民化势头，英国政府开始着手在冷战体制下培养温和派民族主义势力，并逐渐地向他们移交政治权力。换言之，按照英国政府的设想，如此一来，即使这些国家在政治上获得独立以后，自己依然能够对它们维持一定的影响力。在鲁滨孙和路易斯看来，通过英美两国的协调来管控非殖民化的过程，英国此时所采取的，正是这种所谓的"非殖民化的帝国主义"（imperialism of decolonization）政策。

[243]

非洲殖民地的独立与经济自主性的摸索

在就任首相以后不久的 1957 年，麦克米伦命令殖民地政策委员会，制作一份殖民地统治的资产负债表。经过调查以后，发现维持殖民地统治的成本与利润基本相抵，而殖民地的经济成本已经成为英国的沉重负担。1957 年，根据上一届内阁的既定方针，东南亚的马来亚和西非的加纳（原黄金海岸）正式独立。在马来亚的非殖民化问题上，英美两国作为新旧两个霸权国家在利益上的一致性表现得明确无疑。

1960 年 1 月，麦克米伦访问非洲，实实在在地感受到了非洲人民民族意识的高涨，在南非的开普敦发表了承认"这块大陆上吹拂着的变化之风"的声明讲话。就在这 1960 年一年之中，撒哈拉以南的法属殖民地同时获得了独立，英属殖民地中的尼日利亚和位于东地中海的战略要地塞浦路斯获得了独立，因而这一年也被称作"非洲年"。此后直至 1964 年，非洲（塞拉利昂、坦桑尼亚、乌干达、肯尼亚等）、西印度群岛（牙买加、特立尼达和多巴哥等）、太平洋群岛（西萨摩亚）等地区的 13 个英属殖民地相继独立，非殖民化

[244]

的潮流进一步高涨。

政治上获得了独立的大多数非洲国家，并没有能够摆脱殖民地时代的隶属性经济结构，以及专营特定原材料出口的单一种植经济的局限性，因而与原宗主国等先进国家的经济差距日益扩大。这个被称作为"南北问题"的现象，作为国际社会的一个重要课题，从1950年代末开始引起了越来越多的关注。为了应对这个南北问题，1964年设立了"联合国贸易与发展会议"（UNCTAD）这一国际组织。

作为解决南北问题的策略，有关方面提出了两条途径：第一，提高原材料生产（"南"方的主要出口产品）的产量并稳定其价格；第二，与18世纪末的英国工业革命时期一样，实行"进口替代工业化"（将来自先进国家的进口产品国产化）战略。然而，在非洲和拉丁美洲的这些新兴国家中，这一进口替代工业化战略没有取得成功。国内市场本来狭小，购买力（消费）也极其有限，加上原材料的出口价格又陷于低迷状态，因而面向国内的进口替代工业化反而进一步扩大了南北差距。

与此同时，由于非洲各国内部的利益冲突和民族纷争，造成了当地政府的统治能力低下，来自于原宗主国和国际机构（联合国、世界银行等）的经济援助（贷款），不仅没有得到有效的利用，却被作为一种累积债务而增加了"南"方各国的负担。由英联邦各国家提供的援助，也没有像亚洲的科伦坡计划那样取得明显的成效。从此以后，非洲各国的经济萎靡和贫困问题变得越来越严重。

[245]

在这样的历史背景之下，麦克米伦政府认识到英国应当加入欧洲联合的潮流之中去，因而于1961年8月正式申请加入欧洲经济共同体（EEC），向全世界表明了自己重视欧洲甚于帝国英联邦的姿态。

撤出"苏伊士以东"与东亚地区的经济发展

由于在科伦坡计划中提供的经济和技术援助，以及英联邦货币圈在货币领域里的影响力，即使在1956年发生苏伊士危机之后，从1950年代末到1960年代初，英国依然维持着自己在亚洲地区的存在。

然而，1950年代末，由于开发援助的资金欠缺，科伦坡计划逐渐地将重点转向了廉价的技术援助。在这个变化的背后，有两大重要的影响因素：一是印度的英镑余额账户在1956—1957年的时候已经被提空，二是以美国和世界银行为主体的大规模经济援助计划——"援助印度财团"取代了科伦坡计划。与此同时，由于作为国际货币的英镑日益弱化，支撑英国存在的这一金融基础也逐渐地走向崩溃。

尽管如此，以每年召开一次会议的协调委员会和双边主义为平台进行运作的科伦坡计划的松散组织体，以及直接或间接地主导着这些组织机构，并且以亚洲英联邦国家领袖自居的印度总理尼赫鲁所展开的外交活动，由于这些因素的作用，在1950年代末的南亚和东南亚地区，形成了渐进的"开放性地区主义"（open regionalism）的萌芽。

[246]

1960年代英国国际收支的恶化和英镑的弱化，对其帝国政策产生了极大的影响。英镑作为仅次于美元的第二大国际货币的地位，由于美国的金融援助（购买英镑）而勉强得以维持。1960年代中期，由于美国大规模介入越南战争和财政赤字不断扩大，美元面临的问题也越来越多。维护英镑的准基准货币的地位，对于维持美国的金融霸权而言是不可或缺的。

然而，在 1967 年 11 月，英国政府被迫陷入了英镑贬值（从 1 英镑折合 2.85 美元贬为 1 英镑折合 2.4 美元）的状态。紧接着，由于通货紧缩政策和财政紧缩政策的实施，英国政府不得不大幅度减少对海外军事基地的干预。于是，1968 年 1 月，威尔逊的工党内阁公开表示执行艾登以来的撤军计划，并承诺在 1971 年岁末之前，英国军队全部撤出"苏伊士以东"（新加坡和马来西亚）地区。只是作为一个特例，香港的英国驻军却得以继续保留。

在这种政策转向的背后，除了英国所面临的经济和金融危机日益严重这一因素之外，1963 年 9 月刚刚成立的马来西亚联邦与其邻国印度尼西亚之间，因边境纠纷而引发的武装冲突渐趋平息，这也是一个促进因素。英国支持马来西亚，以军事手段介入了两国的边境纠纷。1965 年的"9·30 事件"（军人政变），直接导致了印度尼西亚苏加诺政府的倒台。因此，除了香港以外，英国在"苏伊士以东"地区投入军事力量的必要性已经不复存在。据说，对于 1965 年从马来西亚独立出来的新加坡总理李光耀而言，威尔逊内阁的这个决定，无论是从经济上还是从安全保障上都危及新加坡的存在，因而成为一个巨大的打击。 [247]

在 1960—1970 年代的东亚和东南亚地区，由于经济上的高速发展，日本成了仅次于美国的经济大国，国际影响力日益提升。几乎是在同一时期，属于西方自由主义阵营的其他亚洲国家和地区，在冷战体制和越南战争长期化的形势下，也积极地利用美国慷慨的军事和经济援助（即所谓军事凯恩斯主义），以及欧美日跨国企业的海外投资，开始了各自的工业化进程。韩国、新加坡等国家和中国台湾、香港等地区，在以经济开发至上为宗旨的"开发主义"理论的指导下，积极地吸引先进国家的跨国企业前来投资，努力实现出口商品的本地化生产，全力推行以美国和日本等国市场为出口对象的"出口意向型工业化"战略。

在这些亚洲新兴工业经济区里，包括了中国香港地区和新加坡，这一点值得注意。这两个地区都是 19 世纪以来英国建立的自由贸易港，对于英国而言，也就是在亚洲实现自由贸易原则和金融服务利益的帝国桥头堡。

[248]

对于 1968 年曾经感叹自己"被英国抛弃了"的新加坡总理李光耀而言，英国遗留下来的自由主义传统，通过英语教育而培养人才（精英）的方式，对华侨和印侨极具吸引力的多边贸易网络等，即使在英国撤走之后，也都作为可以充分有效利用的"公共财富"发挥了作用。李光耀本人也是以优异的成绩从剑桥大学毕业的律师。由于英军撤走而空出来的军事设施，既能够提供给新霸权国家美国的军队使用，也可以用来招商引资转租给跨国企业使用。对于他而言，利用新旧两个霸权国家的力量进行国际建设和经济开发（工业化），这是毋庸置疑的国家发展战略。

到了 1980 年代，由于贸易逆差的大幅增长和财政赤字的急剧增加，美国成了世界上最大的债务国。1985 年《广场协议》签订以后，由于日元对美元的汇率迅速升高，日本对东亚和东南亚的海外投资额激增，亚洲新兴工业经济区各国的对外投资也同时进入活跃期。

在这种形势的刺激下，马来西亚等东盟（1967 年缔结）各国的经济
增长也走上了快速通道。以最早摆脱石油危机的日本为先导，东亚
和东南亚各国相继取得了经济快速增长的成就，创造了令世人瞩目
的"东亚的奇迹"（东亚的经济复兴）。通过这样的经济增长，中
国香港地区和新加坡的人均 GDP 超过了英国，成了富裕社会。

马岛（福克兰）战争

[249]

英国从"苏伊士以东"地区撤军以后，1973 年 1 月加入了盼望
已久的欧洲共同体（European Community, EC），从人员和物资的
流动这两个层面上，强化了与欧洲大陆各国之间的关系。在石油危
机以后，伦敦金融城大量地吸收来自中东新兴产油国的石油资金，
扩大了欧洲美元存款的市场。

在这样的背景之下，1982 年 4 月爆发的英阿马岛战争，围绕着
这个被遗忘了的南大西洋的殖民地，在英国国民中间重新唤起了好
战的盲目爱国主义情绪。自从 1833 年英国占领马尔维纳斯（福克兰）
群岛以来，英国与阿根廷之间的领土纠纷已经持续了一个多世纪。
按照英国外交部当初的方案，英国在承认阿根廷形式上的主权的前
提下，以英国租借群岛的方式加以解决。

然而，1982 年 4 月初，阿根廷军队攻占了群岛。针对阿方的这
一行为，英国保守党的撒切尔内阁，决定向南大西洋派遣大规模的
舰队，计划以武力夺回群岛。1982 年 6 月，这场动用了高科技武器
的战争以英国的胜利而告终。这个人口只有 1 800 人左右，又没有
什么经济价值的岛屿，突然成了英国民众关注的目标，好战论调和

[250] 爱国主义情绪弥漫在整个英国社会之中。因经济政策的失败（通货紧缩造成了失业率激增）而逐渐失去国民支持的撒切尔，顿时挽回了支持率，并在 1983 年的议会大选中获得了胜利。一时间，19 世纪以来的帝国和殖民地问题再次复活，成为被利用的政治工具。

香港回归——帝国的终结

撒切尔试图借着马岛（福克兰）战争胜利的余威，继续维持对香港的统治。对于 20 世纪下半叶的英国而言，无论是从政治和外交方面，还是从贸易和金融政策方面，香港的存在都是不可或缺的，英国可以据此明确地显示自己在东亚地区的存在。

日本在第二次世界大战中战败以后不久，英国就着手"收回"香港，拒绝了当时的中国国民党政权的收回要求。在国共内战的过程中，上海的一些中国实业家（棉纺织业资本集团）将资本和技术向香港转移。

1949 年 10 月中华人民共和国成立以后不久，英国政府立即于 1950 年 1 月宣布承认新政权。作为中国方面的外交战略，决定不使用军事力量收回香港，而是维持香港的现状，以此作为与西方阵营进行贸易和人员交流的窗口。于是，尽管经历了美国因朝鲜战争（1950—1953 年）而实行的经济制裁，香港却依然成为冷战体制下联结中国大陆与西方世界的节点。

[251] 正如我们在第二章中介绍过的那样，鸦片战争以后，中国的香港、上海和新加坡一样，在英国引入亚洲的自由贸易体制中，占据着举足轻重的地位。中国南方的经济是依托互市制度发展起来的，19 世

纪下半叶以后，由那些联结中国南方地区和东南亚各地区的中国商人（华侨）所构建的贸易网络中心，逐渐地从广州转移到了香港。在19世纪到20世纪的过渡时期所形成的亚洲区域贸易中，香港同样也是不可或缺的中转站。

与此同时，在英镑货币圈中，香港是一个有限地和灵活地采用共同汇率管理的法外地区。这种奇特的地位，被称为"香港缺口"（Hong Kong Gap）。具体而言，在制度上，尽管香港与其他英镑货币圈国家实行一样的汇率管理，然而能够根据规定的汇率所进行的外汇结算交易，却只限于谷类、大米、棉纺织品以及人造丝等主要的进口产品。与此相并行的，作为亚洲区域贸易的中转站，香港的外币需求旺盛，因而香港存在着一个根据供需关系来决定美元价格的自由外汇市场。

对于英国的外汇管理当局（英格兰银行）而言，这个自由外汇市场是对英镑货币圈实行的汇率管理体制上的一个漏洞，但是考虑到香港的特殊地位，因而实际上是被默认了的。申科指出："香港是英镑货币圈严格的汇率管理与美元圈相对的互换性之间的独特结点，其横跨英镑货币圈与美元圈两个世界的地位，是香港拥有卓越性的一个重要原因。"

二战后，在英国及其英镑货币圈之外，日本与香港单独缔结了可以通过港币进行交易的清算账户支付协定，香港方面承认了暂定为每年250万美元额度的对日进口特许。对于二战后日本经济的复兴而言，中国大陆以及台湾、澳门等邻近地区与香港之间的中转贸易十分重要，这种中转功能甚至覆盖了东南亚的英属马来亚、印度 [252]

尼西亚以及泰国。

日本用英镑（港币）获得对香港出口的贸易黑字，然后通过清算账户支付协定中的美元条款和"香港缺口"（自由外汇市场），就可以将获得的英镑换成美元。用这样获得的美元，日本就能够从美国进口棉花以及机械类的生产资料。于是，通过清算账户支付协定的调节，由联合国占领的日本，为了本国的经济利益，就能够有效地利用香港的特殊地位。就英国方面而言，这种做法实际上就意味着英镑货币圈的美元总库中的美元，通过"香港缺口"流失了出去，然而最终还是得到默认了。

以上所述，仅是显示香港在国际金融界的特殊地位的一个事例。自 1950 年代后半期开始，从上海流入香港的资本和技术，与香港当地的廉价而优秀的劳动力相结合，香港本地以消费品（棉纺织品）为主体的劳动密集型产业的工业化进程由此起步。进入 1960 年代以后，香港的经济增长速度震惊世界，占据了亚洲新兴工业经济圈的一席之地。在这个过程中，从 1960 年代以后，香港（贸易）和中东的科威特（石油出口）所赚取的寄存在伦敦英格兰银行的英镑余额账户，成了支撑英镑作为国际货币价值的后盾。正因为如此，1960年代中期，马来西亚和新加坡在政治上获得独立以后，对于英国而言，香港在经济上的重要性更加明显。英国撤出"苏伊士以东"地区之际，将在香港的守备部队排除在外，也是由于以上这样的历史背景所致。

1982 年 9 月访问中国的撒切尔夫人，试图维持英国与香港之间关系的现状。然而，由于遭到了中国政府的强烈反对，因而在 1984

[253]

年的《中英联合声明》中，英国同意在 1997 年中国恢复对香港行
使主权。与此同时，中国方面提出了"一国两制"理论，将香港设
为特别行政区，回归后 50 年间维持香港的现状。两国由此达成一致　[254]
意见。

　　1997 年 7 月 1 日，香港最终回归中国，给英国在亚洲长达 155
年的殖民统治画上了休止符。

残存的殖民地——迪戈加西亚岛、直布罗陀

　　然而，即使现在，地中海入口处的直布罗陀和印度洋上的迪戈
加西亚岛（英属印度洋区域），以及包括加勒比海和大西洋的岛屿
在内，共有 14 个地方（包含未得到国际上承认的英属南极地区），
依然继续作为英国的海外领土（British Overseas Territories）而存在。
也就是说，还残留着未解决的殖民地问题。

　　其中的直布罗陀，是根据西班牙王位继承战争的停战和约（1713
年签订的《乌得勒支和约》），由西班牙割让给英国的直辖殖民地。
这里是一个位于地中海入口的战略要冲，设有皇家海军的基地，也
曾作为英帝国通道的据点而发挥了重要的作用。长期以来，西班牙　[255]
政府一直要求英国归还直布罗陀。然而，两国之间展开真正的谈判，
是从弗朗哥死后西班牙实现了民主化，并参加了北大西洋公约组织
（NATO）和欧盟以后的 1980 年代初开始的，是欧盟成员国中存在
领土纠纷的一个特例。

　　2002 年，英国和西班牙两国，就直布罗陀的主权共有化和尊重
直布罗陀居民的自治权问题达成了基本意向。在直布罗陀，英镑和

欧元可以同时通用。然而，此后却再也没有新的进展。在直布罗陀对岸的摩洛哥所属领土的北端，有一块最早（1415年）被欧洲势力获取的殖民地——休达，现在依然是西班牙的领土飞地。作为欧盟应该予以解决的残存殖民地问题，今后的动向值得关注。

另一方面，迪戈加西亚岛位于马尔代夫之南、印度洋的中央。原来属于英国占领地，冷战时期的1966年，英美两国签订租借协定，将该岛借给美国。此后，美国就将此地建设成了空军基地和保管军需物资的兵站基地。1991年的海湾战争，2001年"9·11"恐怖事件发生以后美军对阿富汗的攻击，2003年的伊拉克战争等等，美军发动战争的时候，都将迪戈加西亚岛作为前沿攻击的基地，人们对此至今记忆犹新。被纳入现代霸权国家美国的军事战略之中的迪戈加西亚岛，同时却是英国的海外领土的一部分，这一现象可以说是当代英美关系的一种象征。

末　章

全球史与英帝国

　　本书在充分兼顾英帝国与亚洲世界之关联的基础上，系统地考察了从 17 世纪初到 21 世纪现代为止，英帝国一路走来的历史进程。在本书的最后，我们将其作为构思新型世界史过程中的一环，重新对英帝国的历史进行定位。

　　在全球化进程迅速展开的今天，人员、物资、金钱、信息、技术、文化等各个领域的跨越国界的交流日益密切。人们已经开始讨论这样的问题：除了欧洲的欧盟之外，在东亚以及亚太地区或许也会出现区域融合和形成区域共同体的可能性。2011 年 11 月，围绕启动加入 TPP（跨太平洋伙伴关系协定）谈判问题而引发的一系列论争，也许就是其中的一个例子。

　　为了准确地理解这样的现实状况，以传统的民族国家和国民经济为前提的国别史式的历史研究框架恐怕难以胜任，因而有必要构建起诸如超越国界的"区域史"（regional history）或者涉及更大区域内相互关系的"跨区域史"（trans-regional history）等新型分析框架。作为一种实践范例，如今最能吸引全世界的历史学家和社会科学家目光的，就是被称为"全球史"（global history）的历史研究方法。[258]

　　所谓全球史，就是尝试着从全球规模的视野出发，通过对各个地区之间相互关系的考察，构筑一种新的世界史体系。这种方法突破了传统的国别史框架，以欧亚大陆以及南北美洲等大陆规模的区域范围，或者东亚和海域亚洲等广阔的地域（region）为考察的单位。（1）从古代到现代各种文明的兴亡；（2）明清时期的中国、莫卧儿帝国、奥斯曼帝国等近代早期到近代早期的世界帝国，以及欧洲各国的海洋帝国等等，关于帝国统治的各种问题；（3）华侨以及印侨等亚洲商人的活动网络，奴隶贸易、契约移民劳工、苦力等所代表的移民和劳动力的流动（移民社群）等等，关于跨区域的（trans-regional）各种问题；（4）伴随着从欧洲向新大陆的扩张而产生的植物生态、生态系统和环境的变化等，关于生态学和环境史的各种问题；（5）关于近现代国际政治经济秩序的形成和变化的各种问题等等。作为全球史研究的主要课题，都引起了认真的探究和讨论。

　　然而，在思考全球史的时候，最为关键的概念，正如这一研究领域的权威人物——英国学者奥布莱恩所指出的那样，就是"比较"和"关联性"。

　　关于"比较史学"（comparative history），无论是在欧美史学界还是在日本史学界，作为第二次世界大战以后的"战后历史学"的一个重要研究领域而受到广泛重视，日本也出现了斋藤修关于比较经济史学的研究成果。另一方面，对于全球史研究而言，最为重要的一点，是致力于探究同一时期的各个地区和国家之间"横向"的关联性或联系性这一历史视角，是一种关系史研究（relational history）。就关系史研究而言，最有效的途径，就是探究随着近代早期以来全球化的进展而出现的，全球性国际政治经济秩序的形成及其发展过程，以及相互依存程度日益深化的世界经济发展过程中

[259]

的各种问题。在本书中，我们将探索全球化的历史起源这一课题，作为全球史研究的一个类型，或曰一个重要领域，在考察英帝国的历史之际，重视其中的关联性，强调了同一时期各个地区之间的横向联系。

现如今，将近代早期以来的英国历史视为"帝国"的历史这一看法已经成为常识。然而，英国的影响力绝不仅限于正式帝国和非正式帝国范围之内。19—20世纪过渡时期的英国，与当今的美国一样，是一个超越了帝国疆域，在全球范围内行使其占绝对优势的经济力量和军事力量，以及文化影响力的霸权国家。霸权国家向世界各个地区提供了多样性的国际公益财富。所有这些都直接关系到国际秩序中"游戏规则"的形成，也是我们考察亚洲国际秩序的时候不可或缺的构成要素。

如此看来，以19世纪下半叶至20世纪上半叶的英国为核心建立起来的国际秩序，即所谓"英国的和平"，可以说是由同时拥有 [260]
正式帝国的霸权国家所支撑着的。一般而言，霸权国家与近代早期之前的世界强国（亚洲的中国以及莫卧儿帝国、奥斯曼帝国）不同，为了削减因维持全球性影响力所需要的成本，最为理想的形态，就是不要拥有必须为了维护统治而建立官僚组织和军事力量的正式帝国（殖民地）。然而，新旧世纪交替时期的英国，却是一个在世界各地拥有以英属印度为代表的隶属殖民地的霸权国家，与现代的美国霸权（所谓"美国的和平"）相比，具有根本性不同的结构，可谓英国的特殊之处。

本书突破国别史的范围，从致力于揭示同时代的历史进程及其横向关联的全球史视角出发，考察了各个区域在相互依存中逐渐形成为一个世界体系（世界经济）的过程，强调了这一过程中各种经济利益的互补性。

如此一来，按照传统的历史研究方法以及研究途径，难以充分解释清楚的一系列新课题和问题，也就自然而然地在本书中有所涉及。譬如，长期以来一直被分别探讨的关于贸易（物资）与金融（金钱）的相互关联的问题，在本书中被置于19—20世纪过渡时期东亚（日本）的工业化与伦敦金融城的关系之中展开了讨论。再者，正如从19世纪末英属印度的孟买开始出现的那样，殖民统治（正式帝国）之下所展开的"殖民地工业化"，在世界历史脉络中的重新评价问题，在本书中被作为将来探讨的课题而保留了下来。另外，像华侨和印侨那样，离开了国家范畴的超越民族的亚洲本土商人的联系网络，与亚洲区域贸易的形成和发展之间的关联性问题，正是现代日本研究者们奋力展开研究，试图探明因由的课题。

[261]

在以关注英国和印度双边关系为重点的诸多传统研究中，英属印度的非工业化和欠开发性一直是主流议题。至于孟买生产的棉纱因其飞跃性发展而在中国棉纱市场上与其他亚洲国家产品展开的竞争，以及英属印度与东南亚和东亚各区域之间的经济联系等问题，尚未得到学界的充分重视。另外，通过关注亚洲区域贸易的形成和发展，在与非洲以及拉丁美洲各地等其他非欧地区进行比较研究的时候，近现代亚洲世界的相对独立性就自然地显现了出来。通过关系史研究的方法，与过去截然不同却又是活生生的历史联系性及其趣味性，都变得可以理解。

　　一般情况下，全球化的历史，通常被理解为近代早期以后欧洲势力的海外扩张所带来的结果。即使在研究全球经济史的欧美经济史专家之间，围绕着全球化的起源和特点也存在着论争。

　　在计量经济史研究的领头人、美国哈佛大学的威廉姆森及其弟子奥尔克看来，19世纪中叶环大西洋经济圈的物价和薪金等各项经济指标的收缩（趋同化），在历史上第一次出现了一个跨越国界和大陆的世界市场，这才是全球化。另一方面，正如本书第一章中所介绍的那样，福林进一步沿着历史的线索向前推，将目光投向了16世纪下半叶的大航海时代，白银在全世界范围的大流通，认定全球化的进程始于1571年。 [262]

　　双方的观点虽然存在着明显的差异，但是双方有一个共同之处，即非常重视作为全球化的承担者，近代早期以来欧洲势力与各个大陆（欧洲—美洲—非洲—亚洲）之间"物资"的远距离贸易的确立。于是，"漫长的18世纪"里环大西洋经济圈的形成，与全球化的展开密切相连，这一点被视为默认的前提存在。

　　在本书中，我们揭示出了环大西洋经济圈与亚洲世界（海域亚洲）之间的关联性，以及其中所反映出来的亚洲商人和作为政治权力的亚洲各帝国积极主动地参与全球化进程的事实。在欧洲势力中，最为强大的英国权力也不得不与亚洲的当地势力进行妥协和合作。只有充分关注到双方的相互作用和关系，我们才能够越来越接近全球化的历史真相。

　　正如本书的开篇已经涉及的那样，从19世纪初以来，在将近两个世纪的时间里，占据压倒性优势地位的欧美世界及其环大西洋经济圈，一直是世界经济的中心。然而，现代的世界经济中心已经迅速地转向了亚洲世界及亚太经济圈。从 19 世纪以来，英帝国、英联邦与这个成为亚洲世界"经济复辟"舞台的各个区域，也已经建立起密切的关系。英帝国的历史，同时包含着两大内容：一是曾经构成世界经济体制基轴的环大西洋经济圈，二是从 20 世纪末开始逐渐复兴的亚太经济圈。在讨论亚洲本地的主体性和相对独立性的时候，同样也不能无视与英帝国之间复杂多样的关联性。在这个意义上，本书所考察的英帝国的历史，也许可以被定位为通向新型世界史，或曰全球史的"桥梁"。

[263]

主要参考文献

全书

秋田茂、木村和男、佐佐木雄太、北川胜彦、木畑洋一主编:《英帝国与 20 世纪》（1—5 卷）（米涅瓦书房，2004—2009 年）

秋田茂: 第 12 章《帝国》（近藤和彦主编:《英国史研究入门》，山川出版社，2010 年）

Wm. Roger Louis (editor-in-chief), *The Oxford History of the British Empire*, Vols. I-V, Oxford University Press, 1998-1999

P. J. Marshall (ed.), *The Cambridge Illustrated History of the British Empire*, Cambridge University Press, 1996

序章

绘所秀纪:《腾飞的印度经济》（米涅瓦书房，2008 年）

吉冈昭彦:《印度与英国》（岩波新书，1975 年）

The Economist, Vol. 394, Num. 8675 (2010); Vol. 400, Nums. 8743 & 8744, Vol. 401, Num. 8756 (2011)

Angus Maddison, *The World Economy: a millennial perspective*, Paris: Development Center of OECD, 2001（安格斯·麦迪逊著，金

森久雄监译，政治经济研究所译：《从经济统计看世界经济 2000 年史》，柏书房，2004 年）

第一章

池本幸三：《近代奴隶制社会的历史进程——以切萨皮克湾弗吉尼亚殖民地为中心》（米涅瓦书房，1987 年）

川北稔：《工业化的历史前提——帝国与绅士》（岩波书店，1983 年）

川北稔:《民众的大英帝国——近代早期的英国社会与美洲移民》（岩波书店，1990 年）

小林和夫：《英国的大西洋奴隶贸易与印度生产的棉纺织品——以托马斯·拉姆利商行为例》（《社会经济史学》第 77 卷第 3 号，2011 年）

角山荣：《茶的世界史》（中公新书，1980 年）

浜忠雄：《来自加勒比的质询——海地革命与近代世界》（岩波书店，2003 年）

D. 福林著，秋田茂、西村雄志编译：《全球化与白银》（山川出版社，2010 年）

桃木至朗编：《亚洲海域史研究入门》（岩波书店，2008 年）

和田光弘：《紫烟与帝国——美国南部烟草殖民地的社会与经济》（名古屋大学出版会，2000 年）

David Armitage, *The Ideological Origins of the British Empire*, Cambridge University Press, 2000（戴维·阿姆泰吉著，平田雅博、

岩井淳、大西晴树、井藤早织译：《帝国的诞生——不列颠帝国的意识起源》，日本经济评论社，2005 年）

[271]

Bernard Bailyn, *Atlantic History: Concept and Contours*, Harvard University Press, 2005（伯纳德·贝林著，和田光弘、森丈夫译：《大西洋史》，名古屋大学出版会，2007 年）

John Brewer, *The Sinews of Power: War, Money, and English State, 1688-1783,* London: Unwin Hyman, 1989（约翰·布鲁尔著，大久保桂子译：《财政军事国家的冲击——战争、金钱和英吉利国家：1688—1783 年》，名古屋大学出版会，2003 年）

K. N. Chaudhuri, *The Trading World of Asia and the English East India Company, 1660-1760*, Cambridge University Press, 1978

N. F. R. Crafts, *British Economic Growth during the Industrial Revolution*, Oxford: Clarendon Press, 1985

Joseph E. Inikori, *Africans and the Industrial Revolution in England*, Cambridge University Press, 2002

P. J. Marshall, *East Indian Fortunes: The British in Bengal in the Eighteenth Century*, Oxford University Press, 1976

Sidney W. Mintz, *Sweetness and Power: The Place of Sugar in Modern History*, New York: Viking, 1985（西德尼·W. 明兹著，川北稔、和田光弘译：《甜味与权力——蔗糖诉说近代史》，平凡社，1988 年）

Anthony Reid, *Southeast Asia in the Age of Commerce, 1450-1680*, 2 vols., New Haven: Yale University Press, 1988-1993（安东尼·李德

著,平野秀秋、田中优子译:《大航海时代的东南亚:1450—1680 年》
(I—II),法政大学出版局,1997 年,2002 年)

[272] David Richardson, "The British Empire and the Atlantic Slave
Trade, 1660-1807", in P. J. Marshall (ed.), *The Oxford History of the
British Empire*, Vol. 2, *The Eighteenth Century*, Oxford University
Press, 1998, chap. 20.

Eric Williams, *Capitalism and Slavery*, Chapel Hill: University of
North Carolina Press, 1944(E. 威廉姆斯著,中山毅译:《资本主义
与奴隶制度——黑人历史与英国经济史》,理论社,1987 年)

第二章

浅田实:《英国东印度公司与印度暴发户》(米涅瓦书房,
2001 年)

P. 奥布莱恩著:《"英国的和平"与国际秩序:1688—1914 年》
(松田武、秋田茂主编:《霸权国家与世界体系——回顾 20 世纪》,
山川出版社,2002 年,第二章)

加藤祐三:《黑船前后的世界》(岩波书店,1985 年)

木村和男:《结成联邦——加拿大的磨炼》(日本放送出版协会,
1991 年)

杉原薫:《亚洲区域贸易的形成与结构》(米涅瓦书房,1996 年)

竹内幸雄:《自由贸易主义与大英帝国——瓜分非洲的政治经
济学》(新评论,2003 年)

平野雅博:《英帝国与世界体系》(晃洋书房,2000 年)

前川一郎：《英帝国与南非——南非联邦的形成：1899—1912年》（米涅瓦书房，2006 年）

毛利健三：《自由贸易帝国主义——英国产业资本走向世界》（东京大学出版会，1978 年）

吉冈昭彦：《近代英国经济史》（岩波书店，1981 年）

C. A. Bayly, *Imperial Meridian: The British Empire and the World, 1780-1830*, London: Longman, 1989

Huw V. Bowen, *The Business of Empire: The East India Company and Imperial Britain, 1756-1833,* Cambridge University Press, 2006 [273]

P. J. Cain and A. G. Hopkins, *British Imperialism, 1688-2000*, 2nd edition, London: Longman, 2002（P. J. 凯因、A. G. 霍普金斯著，竹内幸雄、秋田茂、木畑洋一、旦祐介译：《豪绅资本主义的帝国》（I-II），名古屋大学出版会，1997 年）

P. J. Cain, *Hobson and Imperialism: Radicalism, New Liberalism, and Finance, 1887-1938,* Oxford University Press, 2002

Chandran D. S. Devanesen, *The Making of the Mahatma*, Hyderabad: Orient Longman, 1969（钱德兰·D. 德瓦奈森著，寺尾诚译：《青春时代的甘地——圣雄的诞生》，未来社，1987 年）

J. Gallagher and R. Robinson, "The Imperialism of Free Trade", *The Economic History Review*, 2nd series, Vol. VI, 1953（川上肇等译：《自由贸易帝国主义》，载于 G. 尼德尔、P. 卡迪斯主编：《帝国主义与殖民主义》，御茶水书房，1983 年）

P. Harnetty, *Imperialism and Free Trade: Lancashire and India in the mid-nineteenth century*, Vancouver: University of British Colombia Press, 1972

Ian Nish, *The Anglo-Japanese Alliance: the diplomacy of two island empires, 1894-1907*, London: Athlone Press, 1966

Andrew Porter, *Religion versus Empire?: British Protestant Missionaries and Overseas Expansion, 1700-1914*, Manchester University Press, 2004

[274]

R. Robinson and J. Gallagher with A. Denny, *Africa and the Victorians: The Official Mind of Imperialism*, London: Palgrave Macmillan, 1961, 2nd ed., 1981

S. B. Saul, *Studies in British Overseas Trade, 1870-1914*, Liverpool University Press, 1960（S. B. 索尔著，久保田英夫译:《英国海外贸易研究: 1870—1914 年》，文真堂，1980 年）

Bernard Semmel, *Imperialism and Social Reform: English Social-Imperial Thought 1895-1914*, London: Allen & Unwin, 1960（B. 森麦尔著，野口建彦、野口照子译:《社会帝国主义史——英国的经验: 1895—1914 年》，密斯滋书房，1982 年）

Toshio Suzuki, *Japanese Government Loan Issues on the London Capital Market, 1870-1913*, London: Athlone Press, 1994

C. N. Vakil, *Financial Developments in Modern India, 1860-1924*, Bombay: D. B. Taraporevala Sons & Co., 1924

第三章

秋田茂、笕谷直人主编：《1930 年代的亚洲国际秩序》（溪水社，2001 年）

秋田茂：《英帝国与亚洲国际秩序——从霸权国家到帝国式结构性权力》（名古屋大学出版会，2003 年）

笕谷直人：《亚洲国际通商秩序与近代日本》（名古屋大学出版会，2000 年）

木畑洋一：《统治的代价——英帝国的崩溃与"帝国意识"》（东京大学出版会，1987 年）

木畑洋一、后藤春美主编：《帝国的长影——20 世纪国际秩序的变化》（米涅瓦书房，2010 年）

木村和男：《英帝国联邦运动与自治殖民地》（创文社，2000 年）[275]

久保亨：《大战间歇期的中国"对自主性的探索"——关税货币政策与经济发展》（东京大学出版会，1999 年）

桑原莞尔：《英国关税改革运动的历史分析》（九州大学出版会，1999 年）

佐佐木雄太：《英帝国与苏伊士战争——殖民主义、民族主义和冷战》（名古屋大学出版会，1997 年）

杉原薰：《亚太经济圈的兴隆》（大阪大学出版会，2003 年）

野泽丰主编：《中国的币制改革与国际关系》（东京大学出版会，1981 年）

渡边昭一主编：《帝国的终结与美国——亚洲国际秩序的重组》（山川出版社，2006 年）

P. J. Cain, "Gentlemanly imperialism at work: the Bank of England, Canada and the sterling area, 1932-1936", *The Economic History Review*, 2nd Series, vol. XLIX, 2, 1996

Saki Dockrill, *Britain's Retreat from East of Suez: The Choice between Europe and the World?*, London: Palgrave Macmillan, 2002

Ian M. Drummond, *Imperial Economic Policy, 1917-1939: Studies in Expansion and Protection*, London: Allen & Unwin, 1974

Gerold Krozewski, *Money and the End of Empire: British International Economic Policy and the Colonies, 1947-1958,* London: Palgrave, 2001

Wm. Roger Louis and Ronald Robinson, "The Imperialism of Decolonization", *Journal of Imperial and Commonwealth History*, Vol. XXII, No. 3, 1994

[276] Wm. Roger Louis, *Ends of British Imperialism: The Scramble for Empire, Suez and Decolonization*, London: I. B. Tauris, 2006

Catherine R. Schenk, *Britain and the Sterling Area: From devaluation to convertibility in the 1950s*, London: Routledge, 1994

B. R. Tomlinson, *The Political Economy of the Raj, 1914-1947: The Economics of Decolonization in India*, Palgrave, Macmillan, 1979

B. R. Tomlinson, "Indo-British Relations in the Post-Colonial Era: The Sterling Balances Negotiations, 1947-1949", *Journal of Imperial and Commonwealth History*, vol. XIII, Routledge, 1985

The World Bank, *The East Asian Miracle: Economic Growth*

and Public Policy—A World Bank Policy Research Report, Oxford University Press, 1993（世界银行编，白鸟正喜监译，海外经济协力基金开发问题研究会译：《东亚的奇迹——经济增长与政府的作用》，东洋经济新报社，1994 年）

末章

水岛司：《世界史剧本（127） 全球史入门》（山川出版社，2010 年）

Shigeru Akita (ed.), *Gentlemanly Capitalism, Imperialism and Global History,* London: Palgrave Macmillan, 2002

A. G. Hopkins, "The History of Globalization-and the Globalization of History?", in A. G. Hopkins (ed.), *Globalization in World History,* London: Pimlico, 2002

简明英帝国历史大事年表

公元年份	主要事件
1600	英国东印度公司成立
1607	弗吉尼亚公司建设北美洲的詹姆斯镇
1620	清教徒移民北美洲，奠定新英格兰殖民地的基础
1655	英国革命期间的克伦威尔军队占领西印度群岛的牙买加岛
1660	英国斯图亚特王朝复辟
1688	英国光荣革命
1694	英格兰银行成立
1700	英国制定禁止进口印度棉布的法案
1713	缔结《乌得勒支和约》，英国获得直布罗陀和奴隶供给的垄断权
1756	"七年战争"（法属印第安战争）爆发（至1763年）
1765	英国东印度公司获得孟加拉地区的征税权 英国针对北美殖民地制定《印花税法案》，引发抗议运动（至1766年）
1773	12月，波士顿倾茶事件
1775	美国独立战争爆发（至1783年）。1776年7月，《美国独立宣言》发表，美利坚合众国成立
1784	皮特实行关税改革，茶叶关税大幅度降低。英国颁布《皮特的印度法案》
1786	英国获得马来半岛的槟岛
1788	对首任孟加拉总督哈斯丁斯的弹劾与审判案件开始启动（至1795年）
1791	8月，圣多明各岛黑人奴隶举行武装起义。海地革命爆发（至1804年）
1792	英国向中国派遣马嘎尔尼使团（至1793年）
1795	伦敦传教会成立
1799	英格兰国教会传教会成立
1801	1月，合并爱尔兰，"大不列颠及爱尔兰联合王国"成立

（续表）

公元年份	主要事件
1807	奴隶贸易被废除
1813	东印度公司垄断印度贸易的特权被废除
1819	莱佛士收买新加坡岛，着手建设自由贸易港
1833	东印度公司垄断中国贸易的特权被废除
1834	英帝国域内的奴隶制度被废除（至 1835 年）
1839	关于加拿大问题的《格拉姆报告书》出笼，建议英国政府承认加拿大的责任政府
1840	第一次鸦片战争爆发（至 1842 年），1842 年，英国根据《南京条约》占领香港岛，上海等五港开埠
1846	6 月，R. 皮尔废除《谷物法》
1849	6 月，废除《航海法》。英国本土的自由贸易体制正式完成
1851	5 月，第一届世界博览会在英国伦敦开幕（至 10 月）
1856	第二次鸦片战争爆发（至 1860 年）。1858 年缔结《天津条约》，1860 年缔结《北京条约》
1857	5 月，印度民族大起义爆发。1858 年解散东印度公司，为了实行英国政府的直接统治而设立印度事务部
1858	缔结《日英修好通商条约》
1861	因美国南北战争而引发英国的"棉荒"（至 1865 年）
1863	8 月，萨英战争
1864	9 月，四国联合舰队炮击下关事件
1865	汇丰银行（HSBC）成立
1866	横跨大西洋海底通信电缆开通
1867	7 月，加拿大联邦成立
1869	5 月，美国大陆横贯铁路铺设完成；11 月，苏伊士运河通航（运输革命）
1873	英国的"大萧条"爆发（至 1896 年）
1875	B. 迪斯累里从埃及赫迪夫手里收买苏伊士运河的股份
1877	1 月，维多利亚女王就任印度女皇。印度总督李顿在德里举行盛大朝拜典礼
1878	第二次阿富汗战争爆发（至 1880 年）
1879	爱尔兰土地联盟成立。土地改革运动兴起

（续表）

公元年份	主要事件
1881	2 月，英国在南非的马朱巴战役中战败（第一次布尔战争） 8 月，颁布第二次《爱尔兰土地法案》 9 月，埃及爆发阿拉比·帕夏起义
1882	6 月，英国因亚历山大里亚爆发反英大暴动出兵埃及，开始对埃及的军事占领 全面废除对印度棉纺织品的进口关税。印度实现自由贸易
1884	1 月，柏林西非会议开幕（至 1885 年 2 月）
1885	1 月，在苏丹发生"喀土穆的悲剧"（戈登战死）
1886	4 月，格莱斯顿提出《爱尔兰自治法案》以及《土地购入法案》 6 月，法案被否决，自由党正式分裂
1887	4 月，举行维多利亚女王登基 50 周年纪念庆典，第一届殖民地会议召开
1889	英国南非公司成立
1893	禁止印度自由铸造卢比银币 日本邮船公司（NYK）开通孟买航线 南非的责任政府在纳塔尔成立。甘地赴南非
1894	7 月，中日甲午战争爆发（至 1895 年 3 月）。日本获得战争赔款并寄存到英格兰银行
1895	12 月，南非发生詹姆逊入侵事件
1897	6 月，举行维多利亚女王登基 60 周年纪念庆典
1899	根据《铸币法案》和《纸币法案》，印度实行金汇兑本位制 10 月，南非战争（第二次布尔战争）爆发（至 1902 年 5 月）
1900	6 月，中国爆发义和团运动（至 1901 年 9 月）
1901	1 月，澳大利亚联邦成立。维多利亚女王去世，爱德华七世即位
1902	1 月，缔结日英同盟。"光荣孤立"政策发生转变 英帝国海底通信电缆网铺设完成 征收谷物进口登录税（仅限 1 年）
1904	2 月，日俄战争爆发（至 1905 年 9 月）。日本在伦敦金融市场发行外债 4 月，缔结《英法协约》
1905	5 月，张伯伦倡导关税改革（张伯伦关税改革运动），在 1906 年议会大选中败选

（续表）

公元年份	主要事件
1907	4月，第4届帝国会议（由"殖民地会议"改名而成）召开 8月，英法俄三国协约成立
1910	5月，南非联邦成立
1911	6月，举行乔治五世加冕仪式，第5届帝国会议召开
1914	7月，第一次世界大战爆发（至1918年11月）
1916	4月，爱尔兰爆发"复活节起义"
1919	4月，印度发生阿姆利则惨案 12月，制定《印度政府法案》
1921	11月，华盛顿会议开幕（至1922年2月），废除日英同盟 12月，缔结《英阿条约》。爱尔兰自由邦成立，与北爱尔兰分离
1925	4月，英国以恢复战前的汇率为条件，回归国际金本位制
1926	10月，帝国会议开幕（至11月）。采纳《贝尔福报告》
1929	10月，世界经济危机爆发
1931	9月，英国退出金本位制 12月，《威斯敏斯特条例》被通过，转向英联邦体制
1932	7月，在加拿大渥太华召开帝国经济会议（至8月），开始实施帝国特惠关税
1933	5月，与阿根廷签订《洛卡·伦西曼协定》 9月，第一次日印谈判开始（至1934年1月）
1935	3月，加拿大中央银行成立 8月，《印度政府法案》确立 11月，中国币制改革（英国派遣里斯·罗斯使团访华），《中美白银协定》确立
1939	9月，第二次世界大战爆发（至1945年8月） 11月，签订《英印防务经费协定》
1941	8月，罗斯福与丘吉尔共同发表《大西洋宪章》
1942	2月，新加坡沦陷
1943	10月，S.C.博斯在日本的支持下建立印度临时政府、组建印度国民军
1947	2月，英、印、巴三国就英镑余额账户问题展开谈判（至1952年2月） 8月，印巴分治独立
1948	6月，发布《马来亚紧急状态通告》

[277]

235

（续表）

公元年份	主要事件
1949	4 月，爱尔兰（爱尔兰共和国）退出英联邦。英联邦首脑会议决定更名并继续保留印度在英联邦中的资格
1950	1 月，（英联邦外长会议）协商实施"科伦坡计划"
1951	6 月，伊朗接管英伊石油公司（伊朗危机）
1954	10 月，日本加入"科伦坡计划"
1956	7 月，埃及的纳赛尔宣布苏伊士运河国有化（苏伊士危机） 10 月，苏伊士战争爆发（至 11 月）
1957	3 月，加纳独立。8 月，马来亚联合邦宣告独立
1960	1 月，麦克米伦在南非的开普敦发表"变革之风"的演说。这一年被称为"非洲年"
1961	8 月，英国申请加入欧洲经济共同体（EEC）
1963	9 月，马来西亚联邦成立，与印度尼西亚的边境纠纷渐趋平息
1965	8 月，新加坡脱离马来西亚联邦实现独立，李光耀任首任总理
1967	8 月，东南亚国家联盟（ASEAN）成立 11 月，英镑贬值
1968	1 月，英国宣布：截止到 1971 年岁末，完成从"苏伊士以东"地区撤军
1973	1 月，英国加入欧洲共同体（EC）
1982	4 月，马岛（福克兰）战争爆发（至 6 月）
1984	12 月，签订《中英联合声明》
1997	7 月，香港回归

后 记

在本书完稿过程中，笔者除了参考先达们大量的优秀研究成果之外，还受到了来自各方面的帮助。

对于以 19 世纪以来的近现代史为研究方向的笔者而言，撰写这本以"漫长的 18 世纪"为中心、涉及近代早期和近代早期的英帝国史的书籍，从一开始就是一个全新的课题。为了弥补不足，笔者在强化学习上花费了不少时间。尤其是川北稔先生（佛教大学）的各种论著，给本书第一章的构思过程提供了非常宝贵的参考。本书所叙述的英帝国通史，重点被置于与亚洲各国的相互关系和关联状况之上。对于笔者而言，在形成这一构思框架的过程中，长期以来不断地在学问上给予笔者莫大激励的"英帝国史研究会"及其各种研究交流活动，成了巨大的宝贵财富。尤其是在"帝国的终结"和"非殖民化"的相关问题上，笔者在与木畑洋一先生（成城大学）、菅英辉先生（西南女学院大学）以及渡边昭一君（东北学院大学）等人的共同研究中，受到了多方面的启示。

在进展缓慢的执笔过程中，笔者感受到的最大激励，就是本书中随处提到的、近年来全球史研究的迅速展开过程。

所幸的是，笔者所在的大阪大学 2004 年开始启动的"全球史研究"项目，从 2005 年起获得了日本学术振兴会的科学研究费补助金

（基础研究 B 和基础研究 A）。我们利用这笔基金，建立了一个 10 人左右的共同研究团队，围绕着"构筑来自亚洲的全球史"这一主题，以经济史研究为中心，连续组织了一系列研讨会。在这个过程中，除了学习以美国加利福尼亚学派和伦敦政治经济学院的 P. 奥布莱恩教授为代表的全球经济史的研究成果，也成功地与这些研究者展开了直接交流。

在这个研究会的同伴之中，有以"漫长的 18 世纪"为研究方向的水岛司君（东京大学）和以 20 世纪当代东亚史为研究方向的久保亨君（信州大学）这两位专家，他们二位也给予笔者诸多启发和建议。与此同时，著有以《茶的世界史》（中公新书）为代表的诸多优秀作品传世的社会经济史研究泰斗——角山荣先生，也时常给予笔者温馨的教诲。

在本书的构思趋于完善的过程中，有一段时期曾与以近藤和彦先生（立正大学）为代表的《英国史研究入门》（山川出版社，2010 年）出版项目的工作同时并行，也从中获益匪浅。笔者承担了该书第 12 章《帝国》部分的撰写任务。该书作为英帝国的通史式研究入门书，[267] 重点介绍了国内外的相关文献资料存在的状况及其相关的解释。

然而，要对本书的构思框架进行充实和加工，进而动笔实施真正的历史叙述，仅凭单纯的文献介绍是远远不够的。为了弥补这一短板，笔者决定将本书构思的一部分或者主要框架部分，先在大阪大学与同事桃木至朗君等人共同承担的课程"面向市民的世界史"以及笔者在关西学院大学承担的特约课程"全球史入门"等面向本科生的课堂上进行试讲。学生们针对讲课中的不足部分所提出的建议，尤其是对"关系史"的研究手段和亚洲世界的"自主性"的兴趣之高、反应之积极，对本书的撰写起到了莫大的鞭策作用。

　　另外，年轻的研究生同学们，也提出了非常宝贵的参考意见。尤其是第一章中关于近代早期亚洲经济史与非洲史的衔接部分，笔者请伦敦政治经济学院博士生小林如夫君帮忙一起对草稿进行了仔细的斟酌。

　　笔者接受本书约稿的契机，可以追溯到笔者第一本著作问世的2003 年秋天。那年，笔者出席了在筑波举办的国际政治学会，期间有幸结识了中公新书编辑部的小野一雄先生。当时，小野先生力劝笔者着手撰写一本近代早期以来的英帝国通史。鉴于这部通史著作要前后跨越近代早期至现代的漫长时段，因而不得不谨慎处之；再加上才启动不久的全球史研究项目的运营管理等原因，仅构思方案的形成和提出就费时四年半。其间，责任编辑换成了高桥真理子。[268]
虽然在高桥女士的一再激励下，笔者不曾有半点懈怠，但是依然未能如愿以偿。到了第三任责任编辑宇和川准先生手里，终于完成了撰写任务。如果没有前后三位责任编辑的帮助和鼓励，本书也许会半途而废。当然，最终为笔者撑腰的是爱妻朝美女士。

　　借此对以上各位表示感谢。

秋田茂

译后记

秋田茂教授（文学博士）1958 年出生于日本国广岛县，1985 年从日本国立广岛大学大学院文学研究科完成博士课程学业之后，历任日本国立大阪外国语大学的助教、讲师和副教授。从 2003 年 10 月起，担任日本国立大阪大学文学研究科世界史讲座教授。2014 年开始就任大阪大学前瞻性跨学科研究机构——全球史研究部主任之职，2015 年 6 月被选为亚洲世界史学会（The Asian Association of World Historians）的会长。2000—2001 年以及 2013 年，分别在英国伦敦大学、伦敦政治经济学院以及美国得克萨斯大学奥斯汀分校担任客座教授和客座研究员。

长期以来，秋田教授始终在尝试着以英帝国与亚洲的关系史为中心，构筑一种亚洲视野下的全球史体系。《英帝国与亚洲国际秩序》（『イギリス帝国とアジア国際秩序』，名古屋大学出版会，2003 年）、《"英国的和平"与英帝国》（『パクス・ブリタニカとイギリス帝国』编著，ミネルヴァ书房，2004 年）、《1930 年代和 1950 年代的亚洲国际秩序》（*The International Order of Asia in the 1930s and 1950s*, edited with N. J. White, Ashgate, 2010）、《"世界史"的世界史》（『「世界史」の世界史』，ミネルヴァ书房，2016 年）以及《新学西洋史——来自亚洲的思考》

（『新しく学ぶ西洋の歴史—アジアから考える』，ミネルヴァ書房，2016年）等等，包括本书在内，这些进入21世纪以来出版的主要研究成果，就是他在这条学术道路上不断开拓所取得的真实成就。值得一提的是，作者还因为《英帝国与亚洲国际秩序》和本书而分别获得了第20届大平正芳纪念奖（2004年）和第14届读卖·吉野作造奖（2013年）。尤其是本书自2012年问世以来，在不到两年的时间里重版了6次。无论是这两个奖项，还是社会大众们的这种阅读热情，都标志着秋田教授在这块学术领域里的耕耘成果已经获得了日本社会的认可。

在本书中，秋田教授按照自己一贯的学术路径，再一次尝试着通过对18世纪至20世纪末英帝国历史的考察，重点从亚洲的视角出发，提出关于世界历史的重新理解。为了准确地理解这一点，我们有必要先简要地重温一下本书的框架安排和各章内容。

在序章中，作者明确地表达了这样的观点：为了更好地理解现代的全球化态势，就必须对英帝国的历史有一个正确的认识。为了完整地阐述这个观点，作者不仅对英国社会的现状及其国际影响力，而且对国际学术界关于全球化以及美国之帝国化等问题的研究状况展开了综合性考察。

在第一章中，作者全面地论述了在"漫长的18世纪"中，英帝国以"环大西洋世界"为中心逐渐形成的过程。具体而言，作者不仅论述了17世纪导致英帝国起源的各种因素，而且在环大西洋世界的框架之内，考察了以奴隶贸易和奴隶制甘蔗种植园为主体的"大西洋三角贸易"与商业革命的展开，以及北美移民与美国独立战争等问题。与此同时，作者还以这种帝国的逐渐形成为背景，揭示了18 世纪茶叶和印度棉纺织品的进口额大增（以东印度公司为主要推动者）以及 18 世纪末开始的"英国工业革命"的社会历史原因，认为只有在帝国形成的前提之下，英国工业革命才可能发生。

在第二章中，作者详细地考察了 19 世纪英帝国全盛时期的各方面状况，尤其是亚洲世界与英帝国之间的关联性。在作者看来，19 世纪的英帝国以其绝对强大的经济力量为后盾，不仅拥有以隶属殖民地为主体的 "正式帝国"（以英属印度为核心），而且在亚洲和拉丁美洲构筑起了"非正式帝国"（以鸦片战争以后的中国为代表）；不仅拥有实力雄厚的制造业利益集团（以曼彻斯特棉纺织业为代表），而且拥有日渐成为世界金融服务业中心的伦敦金融城的金融利益集团，英国作为一个超越帝国疆域范畴的霸权国家，在世界各地拥有强大的影响力。

在第三章中，作者考察了英帝国在 20 世纪所发生的一系列变化及其解体，包括非殖民化运动兴起的过程。就其主要内容而言，不仅包括第一次世界大战前后英帝国各地区的自主性趋势的发展进程，以及帝国逐渐向以自治领国家为核心的英联邦体制的转型，而且包括英国在这种转型过程中以伦敦金融城的金融力量为后盾构筑起来的"英镑货币圈"及其对维持英国的国际影响力所发挥的作用。与此同时，作者还揭示了 20 世纪中叶以后，英国在帝国内部非殖民化潮流和美国势力的双重挤压之下，不得不放弃殖民统治的基本过程，并以 1997 年的香港回归作为英帝国终结的标志。

在末章中，作者尝试将跨越 3 个半世纪的英帝国盛衰历程，置于世界历史的发展潮流之中重新进行定位，再次阐明了英帝国史作为构筑新型全球化历史的"桥梁"这一世界史上的意义，强调了亚洲世界在这个过程中所发挥的历史作用。

纵观全书，秋田教授在考察英帝国史的过程中，体现出了浓厚的现实情怀。针对"9·11"事件以来，国际政治学界有人将现代美国定义为"帝国"的舆论倾向，秋田教授明确表示：只有结合对世界历史上帝国的历史进行全面的回顾，才能正确地理解和把握以美国为主导的现代国际社会的性质和特点。在他看来，英帝国的历史可以为我们提供数量最为丰富，而且最为贴切的研究素材。之所以如此，就是因为英帝国不仅是近现代世界历史上最大的帝国，曾经在占世界陆地约1/4的土地上建立了殖民统治体系，而且19世纪中叶以后，英国以这个帝国为基础变身为世界上的霸权国家。20世纪下半叶以来，恰恰就是美国接替了英国这种世界霸权国家的地位，并一直延续至今。换言之，现代的美国成为世界霸权国家的历程，与英国从建立帝国到变身为世界霸权国家，再到衰落的历史发展线索是一脉相承的。

秋田教授顺着时代的线索，将18世纪至20世纪末英帝国的形成、发展以及解体的整个历史进程，分为三个时期（漫长的18世纪、19世纪和20世纪）进行了考察。在这一过程中，他不仅阐述了英国本土的历史动向，而且对伴随着帝国扩张而成为正式殖民地的对应方式进行了讨论。另外，他还以相当的篇幅，论述了19世纪以后英国对"非正式帝国"地区的统治形态，以及作为霸权国家在全世界行使影响力的情况。

在传统的英帝国史研究中，学者们往往强调英国在政治和经济上对帝国各地区的统治和剥削，将英国与其他帝国成员国之间的关系定性为"统治与被统治"的垂直性上下关系。在秋田教授看来，这种"统治与被统治"的关系确实是正确理解英帝国历史的不可或缺的重要因素，然而同时也必须要看到英帝国为域内外国家和个人所提供的各种机会和施展才华的舞台。因此，他希望在考察"被各方面势力所利用的英帝国"（秋田教授语）实际状态的过程中，揭示出围绕着英帝国而出现的各种相互作用的联系性。

对于多年来一直致力于全球史研究的秋田教授而言，在本书中准确地把握着学术界的最新研究动态，重点着眼于探讨英国本土与帝国各地区之间的"横向"联系性，以及英国作为超越帝国疆域的世界霸权国家所产生的巨大影响力，并为英帝国史进行重新定位。这既是他又一次实践全球史研究方法的具体作业，也是他对近年来有关全球史研究成果的一次总结。

秋田茂教授是笔者研究生时代的学长，相识以来已经整整过去了 35 个年头。笔者这次有幸接受本书的翻译任务，可以说是一种缘分，也是再一次跟随这位认真而热心的学长学习英国殖民统治史的好机会。在翻译本书的过程中，当年在研究班上一起讨论专业课题，以及在"英国史读书会"上一起研读川北稔先生的专著《工业化的历史前提》的情景，时常会浮现在眼前。在遇到一些难以理解的词句或概念的时候，几乎是全天候地得到了学长的支持。本译稿能够顺利地完成，离不开秋田学长的鼎力相助，再次表示衷心的感谢。

　　本译稿的最终完成,也离不开东方出版中心领导和编辑的信任、宽容和关怀,在此一并表示感谢。

郭海良